《金瓶梅》作者到底是誰？
牛郎織女又是如何跟西王母扯上關係？
穿越百年迷霧，吳晗揭開塵封的真相

誰在史書撒了謊？

吳晗破解歷史的誤讀與偽證

吳晗 著

名畫流轉、市井筆記、朝堂風雲
以嚴密的推理與考證，重構一段段被塵封與曲解的歷史真貌
這不只是一本史學札記，更是一場跨越時空、追尋真相的文化探險

目錄

第一章 《金瓶梅》的故事及其衍變 ………… 005

第二章 西王母傳說 ………… 051

第三章 《山海經》及其體系 ………… 091

第四章 胡惟庸黨案的真相 ………… 139

第五章 王茂蔭與幣制改革 ………… 187

第六章 《朝鮮李朝實錄》記載的李滿住 ………… 221

目錄

第一章

《金瓶梅》的故事及其衍變

要知道《金瓶梅》這部書的社會背景，我們不能不先考據它的誕生時代。同時，要考據它的時代，我們不能不把一切關於《金瓶梅》的附會傳說肅清，還它一個本來面目。

《金瓶梅》是一部現實主義作品，所集中描寫的是作者所處時代的市井社會的侈靡淫蕩的生活。它細緻生動的白描技術和汪洋恣肆的氣勢，在未有刻本以前，即已為當時的文人學士所嘆賞驚詫。但因為作者勇於對性生活作無忌憚的大膽敘述，便使社會上一般假道學先生感覺到逼脅而予以擯斥，甚至怕把它刻板行世會有墮落地獄的危險，但終之不能不佩服它的藝術成就。另外一般神經過敏的人又自作聰明地替它開脫，認為這書是「別有寄託」，替它捏造成一串可歌可泣、悲壯淒烈的故事。

無論評論者的觀點怎樣，《金瓶梅》的作者，三百年來卻都一致公認為王世貞而無異辭。他們的根據是：

（1）沈德符的話：說這書是嘉靖中某大名士作的。這一位某先生，經過幾度的附會，就被指為王世貞。

（2）因為書中所寫的蔡京父子，相當於當時的嚴嵩父子。王

家和嚴家有仇,所以王世貞寫這部書的目的是報仇或諷刺。

(3)是據本書的藝術和才氣立論的。他們先有了一個「苦孝說」的主觀之見,以為像這樣的作品非王世貞不能寫。

現在我們不管這些理由是否合理,且把他們所樂道的故事審查一下,看是不是王世貞作的。

一、《金瓶梅》的故事

《金瓶梅》的作者雖然已被一般道學家肯定為王世貞(他們以為這樣一來,會使讀者饒恕它的「猥褻」描寫),但是他為什麼要寫這書?書中的對象是誰?卻眾說紛紜,把它歸納起來不外是:

甲、復仇說對象 —— 嚴世蕃/唐順之

乙、諷刺說對象 —— 嚴氏父子

為什麼《金瓶梅》會和唐順之發生關係呢?這裡面又包含著另外一個故事——〈清明上河圖〉的故事。

(一)〈清明上河圖〉和唐荊川

《寒花盦隨筆》:

「世傳《金瓶梅》一書為王弇州(世貞)先生手筆,用以譏嚴世蕃者。書中西門慶即世蕃之化身,世蕃亦名慶,西門亦名

慶，世蕃號東樓，此書即以西門對之。」「或謂此書為一孝子所作，所以復其父仇者。蓋孝子所識一鉅公實殺孝子父，圖報纍纍皆不濟。後忽偵知鉅公觀書時必以指染沫，翻其書頁。孝子乃以三年之力，經營此書。書成黏毒藥於紙角，覘鉅公外出時，使人持書叫賣於市，曰天下第一奇書，鉅公於車中聞之，即索觀，車行及其第，書已觀訖，嘖嘖嘆賞，呼賣者問其值，賣者竟不見，鉅公頓悟為所算，急自營救已不及，毒發遂死。」今按二說皆是，孝子即鳳洲（世貞號）也，鉅公為唐荊川（順之），鳳洲之父忬死於嚴氏，實荊川贊之也。姚平仲《綱鑑絜要》載殺巡撫王忬事，注謂「忬有古畫，嚴嵩索之，忬不與，易以摹本。有識畫者為辨其贗。嵩怒，誣以失誤軍機殺之」。但未記識畫人姓名，有知其事者謂識畫人即荊川，古畫者〈清明上河圖〉也。

鳳洲既抱終天之恨，誓有以報荊川，數遣人往刺之，荊川防護甚備。一夜，讀書靜室，有客自後握其髮將加刃，荊川曰：「余不逃死，然須留遺書囑家人。」其人立以俟，荊川書數行，筆頭脫落，以管就燭，佯為治筆，管即毒弩，火熱機發，鏃貫刺客喉而斃。鳳洲大失望！

後遇於朝房，荊川曰：「不見鳳洲久，必有所著。」答以《金瓶梅》，實鳳洲無所撰，姑以誑語應耳。荊川索之急，鳳洲歸，廣召梓工，旋撰旋刊，以毒水濡墨刷印，奉之荊川。荊川閱書甚急，墨濃紙黏，卒不可揭，乃屢以紙潤口津揭書，書盡毒發而死。

第一章　《金瓶梅》的故事及其衍變

或傳此書為毒死東樓者。不知東樓自正法，毒死者實荊川也。彼謂以三年之力成書，及鉅公索觀於車中云云，又傳聞異詞耳。

這是說王忬進贗畫於嚴嵩，為唐順之識破，致陷忬於法。世貞圖報仇，進《金瓶梅》毒死順之。劉廷璣的《在園雜誌》也提到此事，不過把〈清明上河圖〉換成〈輞川真跡〉，把識畫人換成湯裱褙，並且說明順之先和王忬有宿怨。他說：

明太倉王思質（忬）家藏右丞所寫〈輞川真跡〉，嚴世蕃聞而索之。思質愛惜世寶，予以摹本。世蕃之裱工湯姓者，向在思質門下，曾識此圖，因於世蕃前陳其真贗，世蕃銜之而未發也。會思質總督薊遼軍務，武進唐應德、順之以兵部郎官奉命巡邊，嚴嵩觴之內閣，微有不滿思質之言，應德領之。至思質軍，欲行軍中馳道，思質以己兼兵部堂銜難之，應德怫然，遂參思質軍政廢弛，虛縻國帑，纍纍數千言。先以稿呈世蕃，世蕃從中主持之，逮思質至京棄市。

到了清人的《缺名筆記》，又把這故事變動一下：

《金瓶梅》為舊說部中四大奇書之一，相傳出王世貞手，為報復嚴氏之〈督亢圖〉。或謂係唐荊川事。荊川任江右巡撫時有所周納，獄成，罹大辟以死。其子百計求報，而不得間。會荊川解職歸，遍閱奇書，漸嘆觀止。乃急草此書，漬砒於紙以進，蓋審知荊川讀書時必逐頁用紙黏舌，以次披覽也。荊川得書後，覽一夜而畢，驀覺舌木強澀，鏡之黑矣。心知被毒，呼

其子曰:「人將謀我,我死,非至親不得入吾室。」逾時遂卒。

旋有白衣冠者呼天搶地以至,蒲伏於其子之前,謂曾受大恩於荊川,願及未蓋棺前一親其顏色。鑑其誠許之入,伏屍而哭,哭已再拜而出。及殮則一臂不知所往,始悟來者即著書之人,因其父受縲首之辱,進鴆不足,更殘其支體以為報也。

(二)湯裱褙

識畫人在另一傳說中,又變成當時著名裝潢家湯裱褙。這一說最早要算沈德符的《野獲編》,他和世貞同一時代,他的祖、父又都和王家世交,所以後人都偏重這一說。《野獲編補遺》卷二〈偽畫致禍〉:

嚴分宜(嵩)勢燄時,以諸珍寶盈溢,遂及書畫骨董雅事。時鄢懋卿以總鹺使江淮,胡宗憲、趙文華以督兵使吳越,各承奉意旨,搜取古玩,不遺餘力。時傳聞有〈清明上河圖〉手卷,宋張擇端畫,在故相王文恪(鏊)胄君家,其家鉅萬,難以阿堵動。乃託蘇人湯臣者往圖之,湯以善裝潢知名,客嚴門下,亦與婿江王思質中丞往還,乃說王購之。王時鎮薊門,即命湯善價求市,既不可得,遂囑蘇人黃彪摹真本應命,黃亦畫家高手也。

嚴氏既得此卷,珍為異寶,用以為諸畫壓卷,置酒會諸貴人賞玩之。有妒王中丞者知其事,直發為贗本。嚴世蕃大慚怒,頓恨中丞,謂有意紿之,禍本自此成。或云即湯姓怨弇州伯仲自露始末,不知然否?

第一章　《金瓶梅》的故事及其衍變

這一說是〈清明上河圖〉本非王忬家物,由湯裱褙託王忬想法不成功,才用摹本代替,末了還是湯裱褙自發其覆。顧公燮《消夏閒記摘抄》作〈金瓶梅緣起王鳳洲報父仇〉一則,即根據此說加詳,不過又把王鏊家藏一節改成王忬家藏,把嚴氏致敗之由,附會為世蕃病足,把《金瓶梅》的著作目的改為譏刺嚴氏了:

太倉王忬家藏〈清明上河圖〉,化工之筆也。嚴世蕃強索之,忬不忍舍,乃覓名手摹贗者以獻。先是忬巡撫兩浙,遇裱工湯姓流落不偶,攜之歸,裝潢書畫,旋薦之世蕃。當獻畫時,湯在側謂世蕃曰:「此圖某所目視,是卷非真者,試觀麻雀小腳而踏二瓦角,即此便知其偽矣。」世蕃恚甚,而亦鄙湯之為人,不復重用。

會俺答入寇大同,忬方總督薊、遼,鄢懋卿嗾御史方輅劾忬禦邊無術,遂見殺。後范長白公允臨作《一捧雪》傳奇,改名為《莫懷古》,蓋戒人勿懷古董也。

忬子鳳洲(世貞)痛父冤死,圖報無由。一日偶謁世蕃,世蕃問坊間有好看小說否?答曰有,又問何名,倉卒之間,鳳洲見金瓶中供梅,遂以《金瓶梅》答之,但字跡漫滅,容鈔正送覽。退而構思數日,借《水滸傳》西門慶故事為藍本,緣世蕃居西門,乳名慶,暗譏其閨門淫放,而世蕃不知,觀之大悅。把玩不置。

相傳世蕃最喜修腳,鳳洲重賂修工,乘世蕃專心閱書,故意微傷腳跡,陰擦爛藥,後漸潰腐,不能入直,獨其父嵩在

一、《金瓶梅》的故事

閣,年衰遲鈍,票本批擬,不稱上旨,寵日以衰。御史鄒應龍等乘機劾奏,以至於敗。

徐樹丕的《識小錄》又以為湯裱褙之證畫為偽,是受賄不及之故,把張擇端的時代由宋升至唐代,畫的內容也改為汴人擲骰:

湯裱褙善鑑古,人以古玩賂嚴世蕃必先賄之,世蕃令辨其真偽,其得賄者必曰真也。吳中一都御史偶得唐張擇端〈清明上河圖〉臨本饋世蕃而賄不及湯。湯直言其偽,世蕃大怒,後御史竟陷大辟。而湯則先以詿論遺戍矣。

余聞之先人曰〈清明上河圖〉皆寸馬豆人,中有四人樗蒲,五子皆六而一猶旋轉,其人張口呼六,湯裱褙曰:「汴人呼六當撮口,而今張口是採閩音也。」以是識其偽。此與東坡所說略同,疑好事者偽為之。近有《一捧雪》傳奇亦此類也,特甚世蕃之惡耳。

(三) 況叔祺及其他

梁章鉅《浪跡叢談》記此事引王襄《廣匯》之說,即本《識小錄》所載,所異的是不把識畫人的名字標出,他又以為王忬之致禍是由於一詩一畫:

王襄《廣匯》:「嚴世蕃常索古畫於王忬,云值千金,忬有臨幅絕類真者以獻。乃有精於識畫者往來忬家有所求,世貞斥之。其人知忬所獻畫非真跡也,密以語世蕃。會大同有虜警,

巡按方輅劾忬失機,世蕃遂告嵩票本論死。」

又孫之《二申野錄注》:「後世蕃受刑,弇州兄弟贖得其一體,熟而薦之父靈,大慟,兩人對食,畢而後已。詩畫貽禍,一至於此,又有小人交構其間,釀成尤烈也。」

按所云詩者謂楊椒山(繼盛)死,弇州以詩吊之,刑部員外郎況叔祺錄以示嵩,所云畫者即〈清明上河圖〉也。

綜合以上諸說,歸納起來是:

(1)《金瓶梅》為王世貞作,用意:(甲)譏刺嚴氏;(乙)作對嚴氏復仇的〈督亢圖〉;(丙)對荊川復仇。

(2)唐荊川譖殺王忬,忬子世貞作《金瓶梅》,荊川於車中閱之中毒卒。

(3)世貞先行刺荊川不遂,後荊川向其索書,遂撰《金瓶梅》以毒之。

(4)唐、王結怨之由是荊川識〈清明上河圖〉為偽,以致王忬被刑。

(5)《金瓶梅》為某孝子報父仇作,荊川因以被毒。

(6)湯裱褙識王忬所獻輞川真跡為偽,唐順之行邊與王忬忤,兩事交攻,王忬以死。

(7)〈清明上河圖〉為王鏊家物,世蕃門客湯臣求之不遂,託王忬想法也不成功,王忬只得拿摹本應命,湯裱褙又自發其覆,遂肇大禍。

(8) 嚴世蕃強索〈清明上河圖〉於王忬，忬以贗本獻，為舊所提攜湯姓者識破。

(9) 世蕃向世貞索小說，世貞撰《金瓶梅》以譏其閨門淫放，而世蕃不知。

(10) 世貞賂修工爛世蕃腳，不能入直，嚴氏因敗。

(11) 王忬獻畫於世蕃，而賄不及湯褉褙，因被指為偽，致陷大辟。

(12) 王忬致禍之由為〈清明上河圖〉及世貞吊楊繼盛詩觸怒嚴氏。

以上一些五花八門的故事，看起來似乎很多，其實包含著兩個有關聯的故事——〈清明上河圖〉和《金瓶梅》。

二、王忬的被殺與〈清明上河圖〉

按《明史》卷二〇四〈王忬傳〉：「嘉靖三十六年（西元1557年）部臣言薊鎮額兵多缺，宜察補。乃遣郎中唐順之往核。還奏額兵九萬有奇，今唯五萬七千，又皆羸老，忬與……等俱宜按治。……三十八年二月把都兒辛愛數部屯會州挾朵顏為鄉導……由潘家口入渡灤河……京師大震。御史王漸、方輅遂劾忬及……罪，帝大怒……切責忬令停俸自效。至五月輅復劾忬失策者三，可罪者四，遂命逮忬及……下詔獄……明年冬竟死

第一章　《金瓶梅》的故事及其衍變

西市。忬才本通敏，其驟拜都御史及屢更督撫也，皆帝特簡，所建請無不從。為總督，數以敗聞，由是漸失寵。既有言不練主兵者，帝益大恚，謂忬怠事負我。嵩雅不悅忬，而忬子世貞復用口語積失歡於嵩子世蕃，嚴氏客又數以世貞家瑣事構於嵩父子，楊繼盛之死，世貞又經紀其喪，嵩父子大恨，灤河變聞，遂得行其計。」

當事急時，世貞「與弟世懋日蒲伏嵩門涕泣求貸，嵩陰持忬獄，而時為謾語以寬之。兩人又日囚服跽道旁遮諸貴人輿搏顙請救，諸貴人畏嵩，不敢言」。（《明史》卷二八七〈王世貞傳〉）

王忬死後，一般人有說他「死非其罪」的，也有人說他是「於法應誅」的，他的功罪我們姑且不管，要之，他之死於嚴氏父子之手，卻是一件不可否認的事實。

我們要判斷以上所記述的故事是否可靠，第一我們先要研求王忬和嚴氏父子結仇的因素，關於這一點最好拿王世貞自己的話來說明。

《弇州山人四部稿》卷一二三〈上太傅李公書〉：

……至於嚴氏所以切齒於先人者有三：其一乙卯冬仲芳兄（楊繼盛）且論報，世貞不自揣，託所知向嚴氏解救不遂，已見其嫂代死疏辭慭，少為筆削。就義之後，躬視含殮，經紀其喪。為奸人某某（按即指況叔祺）文飾以媚嚴氏。先人聞報，彈指唾罵，亦為所詷。其二楊某為嚴氏報仇曲殺沈，奸罪萬狀，

二、王忬的被殺與〈清明上河圖〉

先人以比壤之故，心不能平，間有指斥。渠誤謂青瑣之抨，先人預力，必欲報之而後已。其三嚴氏與今元老相公（徐階）方水火，時先人偶辱見收菀荂之末。渠復大疑有所棄就，奸人從中構牢不可解。以故練兵一事，於擬票內一則曰大不如前，一則曰一卒不練，所以陰奪先帝（嘉靖帝）之心而中傷先人者深矣。預報賊耗，則曰王某恐嚇朝廷，多費軍餉。虜賊既退，則曰將士欲戰，王某不肯。茲謗既騰，雖使曾參為子，慈母有不投杼者哉！

以上三個原因：（1）關於楊繼盛；（2）關於沈；（3）關於徐階，都看不出有什麼書畫肇禍之說。試再到其他地方找去，《明史》卷二八七〈王世貞傳〉說：

奸人閻姓者犯法，匿錦衣都督陸炳家，世貞搜得之。炳介嚴嵩以請，不許。楊繼盛下吏，時進湯藥。其妻訟夫冤，為代草。既死，復棺殮之。嵩大恨。吏部兩擬提學，皆不用。用為青州兵備副使。父忬以灤河失事，嵩構之論死。

沈德符《野獲編》卷八〈嚴相處王弇州〉：

王弇州為曹郎，故與分宜父子善。然第因乃翁思質（忬）方總督薊、遼，姑示密以防其忮，而心甚薄之。每與嚴世蕃宴飲，輒出惡謔侮之，已不能堪。會王弟敬美繼登第，分宜呼諸孫切責以「不克負荷」訶誚之，世蕃益恨望，日譖於父前，分宜遂欲以長史處之，賴徐華亭（階）力救得免，弇州德之入骨。後分宜因唐荊川閱邊之疏譏切思質，再入鄢劍泉（懋卿）之贊決，遂置思質重闢。

第一章　《金瓶梅》的故事及其衍變

這是說王忬之得禍,是由於世貞之不肯趨奉嚴氏,和譖毒世蕃,可用以和《明史》相印證。所謂惡謔,丁元薦《西山日記》曾載有一則:

王元美先生善謔,一日與分宜冑子飲,客不任酒,冑子即舉杯虐之,至淋漓巾幘。先生以巨觥代客報世蕃,世蕃辭以傷風不勝杯杓,先生雜以詼諧曰:「爹居相位,怎說出傷風?」旁觀者快之。

也和〈清明上河圖〉之說渺不相涉。

現在我們來推究〈清明上河圖〉的內容和它的流傳經過,考察它為什麼會和王家發生關係,衍成如此一連串故事的由來。

〈清明上河圖〉到底是一幅怎樣的畫呢?李東陽《懷麓堂集》卷九題〈清明上河圖〉一詩描寫得很清楚詳細:

宋家汴都全盛時,四方玉帛梯航隨,清明上河俗所尚,傾城士女攜童兒。城中萬屋甍甍起,百貨千商整合蟻,花棚柳市圍春風,霧閣雲窗粲朝綺。芳原細草飛輕塵,馳者若飈行若雲,紅橋影落浪花裡,挨舵撇篷俱有神。笙聲在樓遊在野,亦有驅牛種田者,眼中苦樂各有情,縱使丹青未堪寫!翰林畫史張擇端,研朱吮墨鏤心肝,細窮毫髮夥千萬,直與造化爭雕鎪。圖成進入緝熙殿,御筆題籤標卷面,天津一夜杜鵑啼,倏忽春光幾回變。朔風捲地天雨沙,此圖此景復誰家?家藏私印屢易主,贏得風流後代誇。姓名不入《宣和譜》,翰墨流傳藉吾

祖，獨從憂樂感興衰，空弔環州一抔土！豐亨豫大紛彼徒，當時誰進流民圖？乾坤仰意不極，世事榮枯無代無！

錢謙益《牧齋初學集》卷八五〈記清明上河圖卷〉：

嘉禾譚梁生攜〈清明上河圖〉過長安邸中，云此張擇端真本也。……此卷向在李長沙家，流傳吳中，卒為袁州所鉤致，袁州籍沒後已歸御府，今何自複流傳人間？書之以求正於博雅君子。天啟二年壬戌五月晦日。

按長沙即李東陽，袁州即嚴嵩。據此可知這圖的收藏經過是：

(1) 李東陽家藏；

(2) 流傳吳中；

(3) 歸嚴氏；

(4) 籍沒入御府。

一百年中流離南北，換了四個主人，可惜不知道在吳中的收藏家是誰。推測當分宜籍沒時，官中必有簿錄，因此翻出《勝朝遺事》所收的文嘉《鈐山堂書畫記》，果然有詳細的記載，在〈名畫部〉宋有：張擇端〈清明上河圖〉。

圖藏宜興徐文靖（徐溥）家，後歸西涯李氏（東陽），李歸陳湖陸氏，陸氏子負官緡，質於崑山顧氏，有人以一千二百金得之。然所畫皆舟車城郭橋梁市廛之景，亦宋之尋常畫耳，無高古氣也。

第一章　《金瓶梅》的故事及其衍變

按田藝蘅《留青日札》嚴嵩條記嘉靖四十四年（西元 1565 年）八月抄沒清單有：

> 石刻法帖三百五十八冊軸，古今名畫刻絲納紗紙金繡手卷冊共三千二百零一軸。內有⋯⋯宋張擇端〈清明上河圖〉⋯⋯乃蘇州陸氏物，以千二百金購之，才得贗本，卒破數十家。其禍皆成於王彪、湯九、張四輩，可謂尤物害民。

這一條記載至關重要，它所告訴我們的是：

(1)〈清明上河圖〉乃蘇州陸氏物；

(2) 其人以千二百金問購，才得贗本，卒破數十家；

(3) 諸家記載中之湯裱褙或湯生行九，其同惡為嚴氏鷹犬者有王彪、張四諸人。

考陳湖距吳縣三十里，屬蘇州。田氏所記的蘇州陸氏當即為文氏所記之陳湖陸氏無疑。第二點所指明的也和文氏所記吻合。由蘇州陸氏的淵源，據《鈐山堂書畫記》：「陸氏子負官緡，質於崑山顧氏。」兩書所說相同，當屬可信。所謂崑山顧氏，考《昆新兩縣合志》卷二〇〈顧夢圭傳〉：

> 顧懋宏字靖甫，初名壽，一字茂儉，潛孫，夢圭子。十三補諸生，才高氣豪，以口過被禍下獄，事白而家壁立。依從父夢羽蘄州官舍，用蘄籍再為諸生。尋東還，遊太學，舉萬曆戊子鄉薦。授休寧教諭，遷南國子學錄，終莒州知州。自劾免。築室東郊外，植梅數十株吟嘯以老。

二、王忬的被殺與〈清明上河圖〉

　　按夢圭為嘉靖癸未（西元 1523 年）進士，官至江西布政使。他家世代做官，為崑山大族。其子懋宏十三補諸生。嘉靖四十一年（西元 1562 年）五月嚴嵩事敗下獄，四十四年三月嚴世蕃伏誅，嚴氏當國時代恰和懋宏世代相當，由此可知傳中所謂「以口過被禍下獄，事白而家壁立」一段隱約的記載，即指〈清明上河圖〉事，和文田兩家所記相合。

　　這樣，這圖的沿革如下：

　　（一）宜興徐氏；

　　（二）西涯李氏；

　　（三）陳湖陸氏；

　　（四）崑山顧氏；

　　（五）袁州嚴氏；

　　（六）內府。

　　在上引的史料中，最可注意的是《鈐山堂書畫記》。因為文嘉家和王世貞家是世交，他本人也是世貞好友之一。他在嘉靖四十四年（西元 1565 年）應何賓涯之召檢閱籍沒入官的嚴氏書畫，到隆慶二年（西元 1568 年）整理所記錄成功這一卷書。時世貞適新起用由河南按察副使擢浙江布政使司左參政分守湖州。假如王氏果和此圖有關係，並有如此悲慘的故事包含在內，他決不應故沒不言！

　　在以上所引證的〈清明上河圖〉的經歷過程中，很顯明安插

第一章　《金瓶梅》的故事及其衍變

不下王忬或王世貞的一個位置。那麼，這圖到底是怎樣才和王家在傳說中發生關係的呢？按《弇州山人四部稿續稿》卷一六八〈清明上河圖〉別本跋：

張擇端〈清明上河圖〉有真贗本，余均獲寓目。真本人物舟車橋道宮室皆細於髮，而絕老勁有力，初落墨相家，尋籍入天府為穆廟所愛，飾以丹青。

贗本乃吳人黃彪造，或云得擇端稿本加刪潤，然與真本殊不相類，而亦自工緻可念，所乏腕指間力耳，今在家弟（世懋）所。此卷以為擇端稿本，似未見擇端本者。其所云于禁煙光景亦不似，第筆勢遒逸驚人，雖小籠率，要非近代人所能辦，蓋與擇端同時畫院祇候，各圖汴河之勝，而有甲乙者也。吾鄉好事人遂定為真稿本，而謁彭孔嘉小楷，李文正公記，文徵仲蘇書，吳文定公跋，其張著、楊準二跋，則壽承、休承以小行代之，豈唯出藍！而最後王祿之、陸子傅題字尤精楚。陸於逗漏處，毫髮貶駁殆盡，然不能斷其非擇端筆也。使畫家有黃長睿那得爾？

其第二跋云：

按擇端在宣政間不甚著，陶九疇纂《圖繪寶鑑》，蒐括殆盡，而亦不載其人。昔人謂遜功帝以丹青自負，諸祇候有所畫，皆取上旨裁定。畫成進御，或少增損。上時時草創下諸祇候補景設色，皆稱御筆，以故不得自顯見。然是時馬賁、周曾、郭思、郭信之流，亦不致泯然如擇端也。而〈清明上河〉

二、王忬的被殺與〈清明上河圖〉

一圖，歷四百年而大顯，至勞權相出死構，再損千金之值而後得，嘻！亦已甚矣。擇端他圖余見之殊不稱，附筆於此。

可知此圖確有真贗本，其贗本之一確曾為世貞愛弟世懋所藏，這圖確曾有一段悲慘的故事：「至勞權相出死構，再損千金之值而後得。」這兩跋都成於萬曆三年（西元1575年）以後，所記的是上文所舉的崑山顧氏的事，和王家毫不相干。這一悲劇的主角是顧懋宏，構禍的是湯九或湯裱褙，權相是嚴氏父子。

由以上的論證，我們知道一切關於王家和〈清明上河圖〉的記載，都是任意捏造，牽強附會。無論他所說的是〈輞川真跡〉，是〈清明上河圖〉，是黃彪的臨本，是王鏊家藏本，或是王忬所藏的，都是無中生有。事實的根據一去，當然唐順之或湯裱褙甚至第三人的行譖或指證的傳說，都一起跟著不存在了。

但是，像沈德符、顧公燮、劉廷璣、梁章鉅等人，在當時都是很有名望的學者，沈德符和王世貞是同一時代的人，為什麼他們都會捕風捉影，因訛承訛呢？

這原因據我的推測，認為是：

(1) 看不清《四部稿》兩跋的原意，誤會所謂「權相出死力構」是指他的家事，因此而附會成一串故事。

(2) 信任《野獲編》作者的時代和他與王家的世交關係，以為他所說的話一定可靠，而靡然風從，群相應和。

(3) 故事本身的悲壯動人，同情被害人的遭遇，輾轉傳述，

甚或替它裝頭補尾，雖悖「求真之諦」亦所不惜。

次之，照例每個不幸的故事中，都有一位丑角在場，湯裱褙是當時的名裝潢家，和王、嚴兩家都有來往，所以順手把他拉入做一點綴。

識畫人的另一傳說是唐順之，因為他曾有疏參王忬的事蹟，王忬之死多少他應負一點責任。到了范允臨的時候，似乎又因為唐順之到底是一代大儒，不好任意得罪，所以在他的劇本——《一捧雪》傳奇中仍舊替回了湯裱褙。幾百年來，這劇本到處上演，劇情的悽烈悲壯，深深地感動了千萬的人，於是湯裱褙便永遠留在這劇本中做一位挨罵的該死丑角。

三、《金瓶梅》非王世貞所作

最早提到《金瓶梅》的，是袁宏道的《觴政》：

凡《六經》、《語孟》所言飲式，皆酒經也。其下則汝陽王《甘露經酒譜》……為內典。……傳奇則《水滸傳》、《金瓶梅》為逸典。（《袁中郎全集》卷一四，十之〈掌故〉）

袁宏道寫此文時，《金瓶梅》尚未有刻本，已極見重於文人，拿它和《水滸》並列了。可惜袁宏道只給了我們一個藝術價值的暗示，而沒提出它的著者和其他事情。稍後沈德符的《野獲編》卷二五〈金瓶梅〉所說的就詳細多了，沈德符說：

三、《金瓶梅》非王世貞所作

袁中郎《觴政》以《金瓶梅》配《水滸傳》為外典，予恨未得見。丙午（西元1606年）遇中郎京邸，問曾有全帙否？曰第睹數卷甚奇快，今唯麻城劉延白承禧家有全本，蓋從其妻家徐文貞錄得者。又三年小修（袁中道，宏道弟）上公車，已攜有其書，因與借抄挈歸。吳友馮猶龍見之驚喜，慫恿書坊以重價購刻。馬仲良時榷吳關，亦勸予應梓人之求，可以療飢。予曰：「此等書必遂有人板行，但一刻則家傳戶到，壞人心術，他日閻羅究詰始禍，何辭置對？吾豈以刀錐博泥犁哉！」仲良大以為然，遂固篋之。未幾時而吳中懸之國門矣。然原本實少五十三回至五十七回。遍覓不得。有陋儒補以入刻，無論膚淺鄙俚，時作吳語，即前後血脈，亦絕不貫串，一見知其贗作矣。

聞此為嘉靖間大名士手筆，指斥時事，如蔡京父子則指分宜，林靈素則指陶仲文，朱勔則指陸炳，其他各有所屬云。

關於有刻本前後的情形，和書中所影射的人物，他都講到了，單單我們所認為最重要的著者，他卻只含糊地說了「嘉靖間大名士」了事，這六個字的含義是：

(1) 作者是嘉靖時人；

(2) 作者是大名士；

(3)《金瓶梅》是嘉靖時的作品。

幾條嘉靖時代若干大名士都可適用的條件，更不妙的是他指這書是「指斥時事」的，平常無緣無故的人要指斥時事幹什麼呢？所以顧公燮等人便因這一線索推斷是王世貞的作品，牽連

第一章 《金瓶梅》的故事及其衍變

滋蔓,造成上述一些故事。康熙乙亥(西元1696年)刻的《金瓶梅》謝頤作的序便說:

《金瓶梅》一書傳為鳳洲門人之作也。或云即出鳳洲手。然洋洋灑灑一百回內,其細針密線,每令觀者望洋而嘆。

到了《寒花盦隨筆》、《缺名筆記》一些人的時代,便索性把或字去掉。一直到近人蔣瑞藻《小說考證》還認定是弇州之作而不疑:

《金瓶梅》之出於王世貞手不疑也。景倩距弇州時代不遠,當知其詳。乃斷名士二字了之,豈以其誨淫故為賢者諱歟!(《小說考證》二,九十六頁)

其實,一切關於《金瓶梅》的故事,都只是故事而已,都不可信。應該根據真實史料,把一切荒謬無理的傳說,一起踢開,還給《金瓶梅》一個真面目。

第一,我們要解決一個問題,要先抓住它的要害點,關於〈清明上河圖〉,在上文已經證明和王家無關。次之就是這一切故事的焦點——作《金瓶梅》的緣起和《金瓶梅》的對象嚴世蕃或唐荊川之被毒或被刺。因為這書據說是作者用來毒嚴氏或唐氏的,如兩人並未被毒或無被毒之可能時,這一說當然不攻自破。

(甲)嚴世蕃是正法死的,並未被毒,這一點《寒花盦隨筆》的作者倒能辨別清楚。顧公變便不高明瞭,他以為王忬死後世

三、《金瓶梅》非王世貞所作

貞還去謁見世蕃,世蕃索閱小說,因作《金瓶梅》以譏刺之。其實,王忬被刑在嘉靖三十九年(西元1560年)十月初一日,歿後世貞兄弟即扶柩返里,十一月二十七日到家,自後世貞即屏居禮門,到隆慶二年(西元1568年)始起為河南按察副使。另外嚴嵩於四十一年五月罷相,世蕃也隨即被刑。王忬死後世貞方痛恨嚴氏父子之不暇,何能靦顏往謁賊父之仇?而且世貞於父死後即返里屏居,中間無一日停滯,南北相隔,又何能與世蕃相見?即使可能,世蕃已被放逐,不久即死,亦何能見?如說此書之目的專在諷刺,則嚴氏既倒,公論已明,亦何所用其諷刺?且《四部稿》中不乏抨責嚴氏之作,亦何庸寫此洋洋百萬言之大作以事此無謂之諷刺?顧氏說嚴氏之敗是由世貞賄修工爛世蕃腳使不能入直致然的,此說亦屬無稽,據《明史》卷三○八〈嚴嵩傳〉所言:

> 嵩雖警敏,能先意揣帝指,然帝所下手詔語多不可曉,唯世蕃一覽瞭然。答語無不中。及嵩妻歐陽氏死,世蕃當護喪歸,嵩請留侍京邸,帝許之,然自是不得入直所代嵩票擬,而日縱淫樂於家。嵩受詔多不能答,遣使持問世蕃,值其方耽女樂,不以時答,中使相繼促嵩,嵩不得已自為之,往往失旨。所進青詞又多假手他人不能工,以是積失帝歡。

則世蕃之不能入直是因母喪,嵩之敗是因世蕃之不代票擬,也和王世貞根本無關。

(乙)關於唐順之,按《明史》:「順之出為淮揚巡撫,兵敗

第一章 《金瓶梅》的故事及其衍變

力疾過焦山,三十九年春卒。」王忬死在是年十月,順之比王忬早死半年。世貞何能預寫《金瓶梅》報仇?世貞以先一年冬從山東棄官省父於京獄,時順之已出官淮揚,二人何能相見於朝房?順之比王忬早死半年,世貞又安能遣人行刺於順之死後?

第二,「嘉靖中大名士」是一句空洞的話,假使可以把它遷就為王世貞,那麼,又為什麼不能把它歸到曾著有雜劇四種的天都外臣汪道昆?為什麼不是以雜劇和文采著名的屠赤水、王百穀或張鳳翼?那時的名士很多,又為什麼不是所謂前七子、廣五子、後五子、續五子以及其他的山人墨客?我們有什麼反證說他們不是「嘉靖間的大名士」?

第三,再退一步承認王世貞有作《金瓶梅》的可能(自然,他不是不能做)。但是問題是他是江蘇太倉人,有什麼保證可以斷定他不「時作吳語」?《金瓶梅》用的是山東的方言,王世貞雖曾在山東做過三年官(西元1557～1559年),但是能有證據說他在這三年中,曾學會了甚至和當地人一樣地使用當地的方言嗎?假使不能,又有什麼根據使他變成《金瓶梅》的作者呢?

前人中也曾有人斷定王世貞絕不是《金瓶梅》的作者,清禮親王昭槤就是其中的一個,他說:

《金瓶梅》其淫褻不待言。至敘宋代事,除《水滸》所有外,俱不能得其要領。以宋、明二代官名羼雜其間,最屬可笑。是人尚未見商輅《宋元通鑑》者,無論宋元正史!弇州山人何至譾陋若是,必為贗作無疑也。(《嘯亭續錄》卷二)

作小說雖不一定要事事根據史實，不過假如是一個史學名家作的小說，縱使下筆十分不經意，也不至於荒謬到如昭槤所譏。王世貞在當時學者中堪稱博雅，時人多以有史識史才許之，他自身亦以此自負。且畢生從事著述，卷帙甚富，多為後來修史及研究明代掌故者所取材。假使是他作的，真的如昭槤所說：「何至譾陋若是！」不過昭槤以為《金瓶梅》是贗作，這卻錯了。因為以《金瓶梅》為王世貞作的都是後來一般的傳說，在《金瓶梅》的本文中除掉應用歷史上的背景來描寫當時的市井社會奢侈放縱的生活以外，也絲毫找不出有作者的什麼本身的暗示存在著。作者既未冒王世貞的名字，來增高他著述的身價，說他是贗作，豈非無的放矢。

四、《金瓶梅》是萬曆中期的作品

小說在過去時代是不登大雅之堂的，尤其是「猥褻」的作品。因此小說的作者姓名往往因不敢署名，而致埋沒不彰。更有若干小說家不但不敢署名，並且還故意淆亂書中史實，極力避免含有時代性的敘述，使人不能捉摸這一作品的著作時代。《金瓶梅》就是這樣的一個作品。

但是，一個作家要故意避免含有時代性的記述，雖不是不可能，卻也不是一件容易的事。因為他不能離開他的時代，

第一章　《金瓶梅》的故事及其衍變

不能離開他的現實生活，他是那時候的現代人，無論他如何避免，在對話中，在一件平凡事情的敘述中，多少總不能不帶有那時代的意識。即使他所敘述的是假託古代的題材，無意中也不能不流露出那時代的現實生活。我們要從這些作者所不經意的疏略處，找出他原來所處的時代，把作品和時代關聯起來。

常常又有原作者的疏忽為一個同情他的後代人所刪削遮掩，這位同情者的用意自然是匡正作者，這舉動同樣不為我們所歡迎。這一事實可以拿《金瓶梅》來做一例證。

假如我們不能得到一個比修訂本更早的本子的時候，也許我們要被作者和刪節者瞞過，永遠不能知道他們所不願意告訴我們的事情。幸而，最近我們得到一個較早的《金瓶梅詞話》刻本，在這本子中我們知道許多從前人所不知道的事。這些事都明顯地刻有時代的痕跡。因此，我們不但可以斷定這部書的著作時代，並且可以明白這部書產生的時代背景，和為什麼這樣一部名著卻包含有那樣多的描寫性生活部分的原因。

（一）太僕寺馬價銀

《金瓶梅詞話》本第七回九至十頁有這樣一段對話：

張四道：「我見此人有些行止欠端，在外眠花宿柳，又裡虛外實，少人家債負，只怕坑陷了你！」

婦人道：「四舅，你老人家，又差矣！他就外邊胡行亂走，

四、《金瓶梅》是萬曆中期的作品

奴婦人家只管得三層門內,管不得那許多三層門外的事,莫不成日跟著他走不成!常言道:世上錢財倘來物,那是長貧久富家。緊著起來,朝廷爺一時沒有錢使,還問太僕寺支馬價銀子來使。休說買賣人家,誰肯把錢放在家裡!各人裙帶上衣食,老人家倒不消這樣費心。」

在崇禎本《金瓶梅》(第七回第十頁)和康熙乙亥本第一奇書(第七回第九頁)中,孟三兒的答話便刪節成:

婦人道:「四舅,你老人家又差矣!他少年人就外邊做些風流勾當,也是常事。奴婦人家,那裡管得許多。若說虛實,常言道,世上錢財倘來物,那是長貧久富家。況姻緣事皆前生分定,你老人家倒不消這樣費心。」

天衣無縫,使人看不出有刪節的痕跡。

朝廷向太僕寺借銀子用,這是明代中葉以後的事,《明史》卷九二〈兵志·馬政〉:

成化二年以南土不產馬,改徵銀。四年始建太僕寺常盈庫,貯備用馬價。……隆慶二年,提督四夷館太常少卿武金言,種馬之設,專為孳生備用,備用馬既別買,則種馬可遂省。今備用馬已足三萬,宜令每馬折銀三十兩解太僕,種馬盡賣輸兵部,一馬十兩,則直隸山東河南十二萬匹,可得銀百二十萬,且收草豆銀二十四萬。御史謝廷傑謂:「祖制所定,關軍機,不可廢。」兵部是廷傑言。而是時內帑乏,方分使括天下逋賦,穆宗可金奏,下部議。部請養、賣各半,從之。太僕之有銀也

第一章 《金瓶梅》的故事及其衍變

自成化時始,然止三萬餘兩。及種馬賣,銀日增。是時通貢互市,所貯亦無幾。及張居正作輔,力主盡賣之議。……又國家有興作賞賚,往往借支太僕銀,太僕帑益耗。十五年,寺卿羅應鶴請禁支借。二十四年,詔太僕給陝西賞功銀,寺臣言先年庫積四百餘萬,自東西二役興,僅餘四之一。朝鮮用兵,百萬之積俱空。今所存者止十餘萬。況本寺寄養馬歲額二萬匹,今歲取折色,則馬之派徵甚少,而東征調兌尤多,卒然有警,馬與銀俱竭,何以應之!章下部,未能有所釐革也。崇禎初,核戶、兵、工三部借支太僕馬價至一千三百餘萬。

由此可知太僕寺之貯馬價銀是從成化四年(西元1468年)起,但為數極微。到隆慶二年(西元1568年)百年後定例賣種馬之半,藏銀始多。到萬曆元年(西元1573年)張居正做首相盡賣種馬,藏銀始達四百餘萬兩。又據《明史》卷七九〈食貨志〉三「倉庫」:

太僕,則馬價銀歸之。……隆慶中……數取光祿太僕銀,工部尚書朱衡極諫不聽。……至神宗萬曆六年……久之,太倉、光祿、太僕銀括取幾盡,邊賞首功向發內庫者亦取之太僕矣。

則隆慶時雖曾借支太僕銀,尚以非例為朝臣所諫諍。到了張居正死後(西元1582年),神宗肆無忌憚地向太僕支借,其內庫所蓄,則靳不肯出。《明史》卷二一三〈張居正傳〉載居正當國時:

太倉粟充盈可支十年。互市饒馬,乃減太僕種馬,而令民

四、《金瓶梅》是萬曆中期的作品

以價納,太僕金亦積四百餘萬。

在居正當國時,綜核名實,令出法行,所以國富民安,號稱小康,即內廷有需索,亦往往為言官所諫止,如《明史》卷二二九〈王用汲傳〉說:

萬曆六年……上言……陛下……欲取太倉光祿,則臺臣科臣又言之,陛下悉見嘉納,或遂停止,或不為例。

其用途專充互市撫賞,《明史》卷二二二〈方逢時傳〉說:

萬曆五年召理戎政。……言……財貨之費,有市本有撫賞,計三鎮歲費二十七萬,較之鄉時戶部客餉七十餘萬,太僕馬價十數萬,十才二三耳。

到了居正死後,朝政大變,太僕馬價內廷日夜借支,宮監佞幸,為所欲為,專以貨利導帝,《明史》卷二三五《孟一脈傳》說:

居正死,起故官。疏陳五事:言……數年以來,御用不給,今日取之光祿,明日取之太僕,浮梁之磁,南海之珠,玩好之奇,器用之巧,日新月異。……錙銖取之,泥沙用之。

不到十年工夫,太僕積銀已空;《明史》卷二三三〈何選傳〉:

光祿太僕之帑,括取幾空。

但還蒐括不已,恣意賞賜,如《明史》卷二三三〈張貞觀傳〉所記:

第一章 《金瓶梅》的故事及其衍變

三王並封制下,……採辦珠玉珍寶費至三十六萬有奇,又取太僕銀十萬充賞。

中年內外庫藏俱竭,力靳內庫銀不發,且視太僕為內廷正供,廷臣請發款充軍費,反被譙責。萬曆三十年時:

國用不支,邊儲告匱,……乞發內庫銀百萬及太僕馬價五十萬以濟邊儲,復忤旨切責。(《明史》卷二二〇〈趙世卿傳〉)

萬曆時代借支太僕寺馬價銀的情形,朱國禎《湧幢小品》卷二說得很具體:

太僕寺馬價隆慶年間積一千餘萬,萬曆年間節次兵餉借去九百五十三萬。又大禮大婚光祿寺借去三十八萬兩。零星宴賞之借不與焉。至四十二年老庫僅存八萬兩。每年歲入九十八萬餘兩,隨收隨放支,各邊年例之用尚不足,且有邊功不時之賞,其空虛乃爾,真可寒心。

明神宗貪財好貨,至為御史所譏笑,如《明史》卷二三四〈雒於仁傳〉所載四箴,其一即為戒貪財:

十七年……獻四箴。……傳索帑金,括取幣帛,甚且掠問宦官,有獻則已,無則譴怒,李沂之瘡痍未平,而張鯨之貨賄復入,此其病在貪財也。

再就嘉靖、隆慶兩朝內廷向外庫借支情況做一比較,《明史》卷二〇六〈鄭一鵬傳〉:

四、《金瓶梅》是萬曆中期的作品

嘉靖初……宮中用度日侈，數倍天順時，一鵬言：今歲災用詘，往往借支太倉。

《明史》卷二一四〈劉體乾傳〉：

嘉靖二十三年……上奏曰：又聞光祿庫金自嘉靖改元至十五年，積至八十萬，自二十一年以後，供億日增，餘藏頓盡。……隆慶初進南京戶部尚書……召改北部，詔取太倉銀三十萬兩……是時內供已多，數下部取太倉銀。

據此可知嘉、隆時代的借支處只是光祿和太倉，因為那時太僕寺尚未存有大宗馬價銀，所以無借支的可能。到隆慶中葉雖曾借支數次，卻不如萬曆十年以後的頻數。穆宗享國不到六年（西元 1567～1572 年），朱衡以隆慶二年九月任工部尚書，劉體乾以隆慶三年二月任戶部尚書，劉氏任北尚書後才疏諫取太倉銀而不及太僕，則朱衡之諫借支太僕銀自必更在三年二月以後。由此可知在短短的兩三年內，即使借支太僕，其次數絕不甚多，且新例行未久，其借支數目亦不能過大。到了張居正當國，厲行節儉，足國富民，在這十年中帑藏充盈，無借支之必要，且神宗懾於張氏之威稜，亦無借支之可能。由此可知《詞話》中所指「朝廷爺還問太僕寺借馬價銀子來使」必為萬曆十年以後的事。

《金瓶梅詞話》的文字包含有萬曆十年以後的史實，則其著作的最早時期必在萬曆十年以後。

第一章 《金瓶梅》的故事及其衍變

(二) 佛教的盛衰和小令

《金瓶梅》中關於佛教流行的敘述極多,全書充滿因果報應的氣味。如喪事則延僧作醮追薦(第八回,第六十二回),平時則許願聽經宣卷(第三十九回,第五十一回,第七十四回,第一百回),布施修寺(第五十七回,第八十八回),胡僧遊方(第四十九回),而歸結於地獄天堂,西門慶遭孤且入佛門清修。這不是一件偶然的事實,假如作者所處的時代佛教並不流行,或遭壓迫,在他的著作中絕不能無中生有捏造出這一個佛教流行的社會。

明代自開國以來,對佛道二教,初無歧視,後來因為政治關係,對藏傳佛教僧稍予優待,天順、成化間藏傳佛教頗占優勢,佛教徒假借餘光,其地位在道教之上。到了嘉靖時代,陶仲文、邵元節、王金等得勢,世宗天天在西苑玄修作醮,求延年永命,一般方士偶獻一、二祕方,便承寵遇。諸宮僚翰林九卿長貳入直者往往以青詞稱意,不次大拜。天下靡然風從,獻靈芝、白鹿、白鵲、丹砂,無虛日。朝臣亦天天在講符瑞,報祥異,甚至征伐大政,必以告玄。在皇帝修養或做法事時,非時上奏的且得殊罰。道士遍都下,其領袖貴者封侯伯,位上卿,次亦綰牙牌,躋朝列,再次亦凌視士人,作威福。一面則焚佛牙,毀佛骨,逐僧侶,沒廟產,熔佛像,佛教在世宗朝算是銷聲匿跡,倒盡了黴。

四、《金瓶梅》是萬曆中期的作品

到隆、萬時，道教失勢了，道士們或貶或逐，佛教徒又承渥寵，到處造廟塑佛，皇帝且有替身出家的和尚，其烜赫比擬王公（明列帝俱有替身僧，不過到萬曆時代替身僧的聲勢，則為前所未有）。《野獲編》卷二七〈釋教盛衰〉條：

> 武宗極喜佛教，自列西番僧，唄唱無異。至託名大慶法王，鑄印賜誥命。世宗留心齋醮，置竺乾氏不談。初年用工部侍郎趙璜言，刮正德所鑄佛鍍金一千三百兩。晚年用真人陶仲文等議，至焚佛骨萬二千斤。逮至今上，與兩宮聖母首建慈壽、萬壽諸寺，俱在京師，穹麗冠海內。至度僧為替身出家，大開經廠，頒賜天下名剎殆遍。去焚佛骨時未二十年也。

由此可知武宗時為佛教得勢時代，嘉靖時則完全為道教化的時代，到了萬曆時代佛教又得勢了。《金瓶梅》書中雖然也有關於道教的記載，如六十二回的潘道士解禳，六十五回的吳道士迎殯，六十七回的黃真人薦亡，但以全書論，仍是以佛教因果輪迴天堂地獄的思想為骨幹。假如這書著成於嘉靖時代，絕不會偏重佛教到這個地步！

再從時代的習尚去觀察，《野獲編》卷二五〈時尚小令〉：

> 元人小令行於燕、趙，後浸淫日盛。自宣、正至成、宏後，中原又行〈鎖南枝〉、〈傍妝臺〉、〈山坡羊〉之屬，李崆峒先生初自慶陽徙居汴梁，聞之以為可繼國風之後。何大復繼至，亦酷愛之。今所傳〈泥捏人〉及〈鞋打卦〉、〈熬髻髻〉三闋為三牌名之冠，故不虛也。自茲以後，又有〈耍孩兒〉、〈駐雲飛〉、

第一章　《金瓶梅》的故事及其衍變

〈醉太平〉諸曲，然不如三曲之盛。嘉、隆間乃興〈鬧五更〉、〈寄生草〉、〈羅江怨〉、〈哭皇天〉、〈乾荷葉〉、〈粉紅蓮〉、〈桐城歌〉、〈銀紐絲〉之屬，自兩淮以至江南，漸與詞曲相遠，不過寫淫媟情態，略具抑揚而已。比年以來又有〈打棗竿〉、〈掛枝兒〉二曲。其腔調約略相似，則不問南北，不問男女，不問老幼良賤，人人習之，亦人人喜聽之，以至刊布成帙，舉世傳誦，沁人心腑。其譜不知從何來，真可駭嘆！又〈山坡羊〉者，李、何二公所喜，今南北詞俱有此名，但北方唯盛愛數落〈山坡羊〉，其曲自宣、大、遼東三鎮傳來。今京師妓女慣以此充絃索北調，其語穢褻鄙淺，並桑濮之音亦離去已遠，而羈人遊婿嗜之獨深，丙夜開樽，爭先招致。

《金瓶梅詞話》中所載小令極多，約計不下六十種。內中最流行的是〈山坡羊〉，綜計書中所載在二十次以上（見第一、八、三十三、四十五、五十、五十九、六十一、七十四、八十九、九十一諸回）；次為〈寄生草〉（見第八、八十二、八十三諸回）；〈駐雲飛〉（見第十一、四十四諸回）；〈鎖南枝〉（見第四十四、六十一諸回）；〈耍孩兒〉（見第三十九、四十四諸回）；〈醉太平〉（見第五十二回）；〈傍妝臺〉（見第四十四回）；〈鬧五更〉（見第七十三回）；〈羅江怨〉（見第六十一回），其他如〈綿搭絮〉、〈落梅風〉、〈朝天子〉、〈折桂令〉、〈梁州序〉、〈畫眉序〉、〈錦堂月〉、〈新水令〉、〈桂枝香〉、〈柳搖金〉、〈一江風〉、〈三臺令〉、〈貨郎兒〉、〈水仙子〉、〈荼蘼香〉、〈集賢賓〉、〈一見嬌羞〉、〈端正好〉、〈宜春令〉、〈六娘子〉……雜湊書中，

四、《金瓶梅》是萬曆中期的作品

和沈氏所記恰合。在另一方面，沈氏所記萬曆中年最流行的〈打棗竿〉、〈掛枝兒〉二曲，卻又不見於《詞話》。《野獲編》書成於萬曆三十四年（丙午，西元1606），由此可見《詞話》是萬曆三十四年以前的作品，《詞話》作者比《野獲編》的作者時代略早，所以他不能記載到沈德符時代所流行的小曲。

（三）太監、皇莊、皇木及其他

太監的得勢用事，和明代相終始。其中只有一朝是例外，這一朝代便是嘉靖朝。從正德寵任劉瑾、谷大用等八虎，壞亂朝政以後，世宗即位，力懲其敝，嚴抑宦侍，不使干政作惡。嘉靖九年（西元1530年）革鎮守內臣。十七年（西元1538年）從武定侯郭勳請復設，在雲貴、兩廣、四川、福建、湖廣、江西、浙江、大同等處各派內臣一人鎮守，到十八年四月以彗星示變撤回。在內廷更防微極嚴，不使和朝士交通，內官因之奉法安分，不敢恣肆。根基不厚的大璫，有的為了輪值到請皇帝吃一頓飯而破家蕩產，無法訴苦。在有明一代中嘉靖朝算是宦官最倒楣失意的時期。反之在萬歷朝則從初年馮保、張宏、張鯨等柄用起，一貫地柄國作威，政府所有設施，須先請命於大璫，初年高拱任首相，且因不附馮保而被逐。張居正在萬曆初期的新設施、新改革，所以能貫徹實行，是因為在內廷有馮保和他合作。到張居正死後，宦官無所顧憚，權勢更盛，派鎮守，採皇木，領皇莊，榷商稅，採礦稅。地方官吏降為為宦寺

第一章　《金瓶梅》的故事及其衍變

的屬下,承其色笑,一拂其意,緹騎立至。內臣得參奏當地督撫,在事實上幾成地方最高長官。在天啟以前,萬歷朝可說是宦官最得勢的時代。

《詞話》中有許多關於宦官的記載,如清河一地就有看皇莊的薛太監,管磚廠的劉太監,花子虛的家庭出於內臣,王招宣家與太監締姻。其中最可看出當時情形的是第三十一回西門慶宴客一段:

> 說話中間,忽報劉公公、薛公公來了。慌的西門慶穿上衣,儀門迎接。二位內相坐四人轎,穿過肩蟒,纓槍隊喝道而至。西門慶先讓至大廳上,拜見敘禮,接茶。落後周守備、荊都監、夏提刑等武官,都是錦繡服,藤棍大扇,軍牢喝道,僚掾跟隨,須臾都到了門口,黑壓壓的許多伺候,裡面鼓樂喧天,笙簫迭奏。上坐遞酒之時,劉、薛二內相相見。廳正面設十二張桌席,都是幃拴錦帶,花插金瓶,桌上擺著簇盤定勝,地下鋪著錦茵繡毯。

> 西門慶先把盞讓坐次,劉、薛二內相再三讓遜:「還有列位大人!」周守備道:「二位老太監齒德俱尊。常言三歲內官,居於王公之上,這個自然首坐,何消泛講。」彼此遜讓了一回。薛內相道:「劉哥,既是列位不首,難為東家,咱坐了罷。」

> 於是羅圈唱了個喏,打了恭,劉內相居左,薛內相居右,每人膝下放一條手巾,兩個小廝在傍打扇,就坐下了。其次者才是周守備,荊都監眾人。

四、《金瓶梅》是萬曆中期的作品

一個管造磚和一個看皇莊的內使,聲勢便烜赫到如此,在宴會時座次在地方軍政長官之上,這正是宦官極得勢時代的情景,也正是萬曆時代的情景。

皇莊之設立,前在天順、景泰時代已見其端,正德時代達極盛期。世宗即位,裁抑恩幸,以戚里佞幸得侯者著令不許繼世。中唯景王就國,撥賜莊田極多。《明史》卷七七〈食貨志〉一說:

> 世宗初命給事中夏言等清核皇莊田,言極言皇莊為厲於民。自是正德以來投獻侵牟之地,頗有給還民者。而宦戚輩復中撓之。戶部尚書孫交造皇莊新冊,額減於舊,帝命核先年頃畝數以聞,改稱官地,不復名皇莊。詔所司徵銀解部。

由此可知嘉靖時代無皇莊之名,只稱官地。〈食貨志〉一又記:

> 神宗賚予過侈,求無不獲。潞王、壽陽公主恩最渥,而福王分封,括河南山東湖廣田為王莊,至四萬頃,群臣力爭,乃減其半。王府官及諸閹丈地徵稅,旁午於道,扈養廝役,廩食以萬計,漁斂慘毒不忍聞,駕帖捕民,格殺莊佃,所在騷然。

由此可知《詞話》中的管皇莊太監,必然指的是萬曆時代的事情。因為假如把《詞話》的時代放在嘉靖時的話,那就不應稱為管皇莊,應該稱為管官地的才對。

所謂皇木,也是明代一樁特別的惡政,《詞話》第三十四回有劉百戶盜皇木的記載:

第一章　《金瓶梅》的故事及其衍變

西門慶告訴:「劉太監的兄弟劉百戶因在河下管蘆葦場,撰了幾兩銀子。新買了一所莊子。在五里店拿皇木蓋房。……」

明代內廷興大工,派官往各處採大木,這木就叫皇木。這事在嘉靖萬曆兩朝特別多,為民害極酷。《明史》卷八二〈食貨志〉六說:

嘉靖元年革神木千戶所及衛卒。二十年宗廟災,遣工部侍郎潘鑑、副都御史戴金於湖廣四川採辦大木。

二十六年復遣工部侍郎劉伯躍採於川、湖、貴州。湖廣一省費至三百三十九萬餘兩。又遣官核諸處遺留大木,郡縣有司以遲誤大工,逮治褫黜非一,並河州縣尤苦之。

萬曆中三殿工興,採楠杉諸木於湖廣、四川、貴州,費銀九百三十餘萬兩,徵諸民間,較嘉靖年費更倍。而採鷹平條橋諸木於南直浙江者,商人逋直至二十五萬。科臣劾督運官遲延侵冒,不報。虛糜乾沒,公私交困焉。

按萬曆十一年慈寧宮災,二十四年乾清、坤寧二宮災,《詞話》中所記皇木,當即指此而言。

《詞話》第二十八回有女番子這樣一個特別名詞。

經濟道:「你老人家是個女番子,且是倒會的放刁……」

所謂番子,《明史·刑法志》三說:

東廠之屬無專官,掌刑千戶一,理刑百戶一,亦謂之貼刑,皆衛官。其隸役悉取給於衛。最輕黠獧巧者乃撥充之。役

四、《金瓶梅》是萬曆中期的作品

長曰檔頭,帽上銳,衣青素褶,繫小絛,白皮靴,專主伺察。其下番子數人為幹事,京師亡命誆財挾仇視幹事者為窟穴,得一陰事,由之以密白於檔頭,檔頭視其事大小,先予之金。事曰起數,金曰買起數。既得事,帥番子至所犯家左右坐曰打椿,番子即突入執訊之,無有左證符牒,賄如數,徑去。少不如意,榜治之名曰乾榨酒,亦曰搬罾兒,痛楚十倍官刑。且授意使牽有力者,有力者予多金,即無事,或靳不予,予不足,立聞上,下鎮撫司獄,立死矣。

番子之刺探官民陰事為非作惡如此,所以在當時口語中就稱平常人的放刁挾詐者為番子,並以施之女性。據《明史》在萬曆初年馮保以司禮監兼廠事,建廠東上北門之北曰內廠,而以初建者為外廠,聲勢烜赫一時,至興王大臣獄,欲族高拱。但在嘉靖時代,則以世宗馭中官嚴,不敢恣,廠權且不及錦衣衛,番子之不敢放肆自屬必然。由這一個特別名詞的被廣義地應用的情況說,《詞話》的著作時代亦不能在萬曆以前。

(四) 古刻本的發現

兩年以前《金瓶梅》的最早刻本,我們所能見到的是康熙三十四年(乙亥,西元 1695 年)皋鶴草堂刻本張竹坡批點《第一奇書金瓶梅》,和崇禎本《新刻繡像金瓶梅》。在這兩個本子中沒有什麼線索可以使我們知道這書最早刊行的年代。

最近有圖書館得到了一部刊有萬曆丁巳序文的《金瓶梅詞

第一章 《金瓶梅》的故事及其衍變

話》,這本子不但在內容方面和後來的本子有若干處不同,並且在東吳弄珠客的序上也明顯地載明是萬曆四十五年(丁巳,西元1617年)冬季所刻。在欣欣子的序中並具有作者的筆名蘭陵笑笑生(也許便是作序的欣欣子吧)。這本子可以說是現存的《金瓶梅》最早的刊本。其內容最和原本相近,從它和後來的本子不相同處及被刪改處比較的結果,使我們能得到這樣的結論,斷定它最早開始寫作的時代不會在萬曆十年以前,退一步說,也不可能過隆慶二年。

但萬曆丁巳本並不是《金瓶梅》第一次的刻本,在這刻本以前,已經有過幾個蘇州或杭州的刻本行世,在刻本以前並且已有抄本行世。因為在袁宏道的《觴政》中,他已把《金瓶梅》列為逸典,在沈德符的《野獲編》中他已告訴我們在萬曆三十四年(丙午,西元1606年)袁宏道已見過幾卷,麻城劉氏且藏有全本。到萬曆三十七年袁宏道從北京得到一個抄本,沈德符又向他借抄一本。不久蘇州就有刻本,這刻本才是《金瓶梅》的第一個本子。

袁宏道的《觴政》在萬曆三十四年以前已寫成,由此可以斷定《金瓶梅》最晚的著作時代當在萬曆三十年以前。退一步說,也絕不能後於萬曆三十四年。

綜結上文所說,《金瓶梅》的成書時代大約是在萬曆十年到三十年這二十年(西元1582～1602年)中。退一步說,最早也不能過隆慶二年,最晚也不能後於萬曆三十四年(西元1568～1606年)。

五、《金瓶梅》的社會背景

《金瓶梅》是一部現實主義小說,它所寫的是萬曆中年的社會情形。它抓住社會的一角,以批判的筆法,暴露當時新興的,商人階級結合官僚勢力的醜惡生活。透過西門慶的個人生活,由一個破落戶而土豪、鄉紳而官僚的逐步發展,透過西門慶的社會連結,告訴了我們當時封建統治階級的醜惡面貌,和這個階級的必然沒落。在《金瓶梅》書中沒有說到那時代的農民生活,但它在描寫市民生活時,卻已充分地告訴我們那時農村經濟的衰頹和崩潰的必然前景。當時土地集中的情形,萬曆初年有的大地主擁田到七萬頃,糧至二萬石。(張居正《張文忠公集書牘》六〈答應天巡撫宋陽山論均糧足民〉)據萬曆六年全國田數七百一萬三千九百七十六頃計算,這一個大地主的田數就占全國田數的百分之一。又如皇莊,嘉靖初年達數十所,占地至三萬七千多頃。夏言描寫皇莊破壞農業生產的情形說:

皇莊既立,則有管理之太監,有奏帶之旗校,有跟隨之名目,每處動至三四十人。……擅作威福,肆行武斷。……起蓋房屋,架搭橋梁,擅立關隘,出給票帖,私刻關防。凡民間撐架舟車,牧放牛馬,採捕魚蝦蛋蚌莞蒲之屬,靡不括取。而鄰近土地,則展轉移築封堆,包打界至,見畝徵銀。本土豪猾之民,投為莊頭,撥置生事,幫助為惡,多方掊克,獲利不貲。輸之宮闈者曾無十之一二,而私入囊橐者蓋不啻十八九矣。是

第一章 《金瓶梅》的故事及其衍變

以小民脂膏，吮剝無餘，由是人民逃竄而戶口消耗，里分減併而糧差愈難。辛致輦轂之上，生理寡遂，閭閻之間，貧苦到骨，道路嗟怨，邑裡蕭條。

公私莊田，跨莊逾邑，小民恆產，歲朘月削，產業既失，稅糧猶存，徭役苦於並充，糧草苦於重出，飢寒愁苦，日益無聊，展轉流亡，靡所底止。以致強梁者起而為盜賊，柔善者轉死於溝壑。其巧黠者或投存勢家莊頭家人名目，恣其勢以轉為善良之害，或匿入海戶陵戶勇士校尉等籍，脫免徭役，以重困敦本之人。凡所以蹙民命脈，竭民膏血者，百孔千瘡，不能列舉。（《桂洲文集》卷十三〈奉勅勘報皇莊及功臣國戚田土疏〉）

雖然說的是嘉靖前期的情況，但是也完全適用於萬曆時代，而且應該肯定，萬曆時代的破壞情形只有比嘉靖時代更嚴重。據《明史·景王潞王福王等傳》：景恭王於「嘉靖四十年（西元1562年）之國，……多請莊田，……其他土田湖陂侵入者數萬頃」。潞王「居京邸，王店王莊遍畿內，……居藩多請贍田食鹽無不應，……田多至四萬頃」。福王之國時，「詔賜莊田四萬頃，……中州腴土不足，取山東、湖廣田益之」，尺寸皆奪之民間，「伴讀承奉諸官假履畝為名，乘傳出入，河南北、齊、楚間所至騷動」。潞王是明穆宗第四子，萬曆十七年之藩；福王是明神宗愛子，萬曆四十二年就藩。三王的王莊多至十數萬頃，加上宮廷直屬的皇莊和外戚功臣的莊田，超經濟的剝削，造成人民逃竄，戶口消耗，道路嗟怨，邑里蕭條，強梁者起而為「盜賊」，柔善者轉死於溝壑的崩潰局面。

五、《金瓶梅》的社會背景

除皇莊以外，當時農民還得攤派商稅，如畢自嚴所說山西情形：

榷稅一節，病民滋甚。山右僻在西隅，行商廖廖。所有額派稅銀四萬二千五百兩，鋪陳等銀五千七百餘兩，皆分派於各州府。於是斗粟半菽有稅，沽酒市脂有稅，尺布寸絲有稅，羸特騫衛有稅，既非天降而地出，真是頭會而箕斂。（《石隱園藏稿》卷五〈嵩祝陛辭〉疏）

明末侯朝宗描寫明代後期農民的被剝削情況說：

明之百姓，稅加之，兵加之，刑加之，役加之，水旱災祲加之，官吏之漁食加之，豪強之吞併加之，是百姓一而所以加之者七也。於是百姓之富者爭出金錢而入學校，百姓之黠者爭營巢窟而充吏胥，是加者七而因而詭之者二也。即以賦役之一端言之，百姓方苦其窮極而無告而學校則除矣，吏胥則除矣……天下之學校吏胥漸多而百姓漸少……彼百姓之無可奈何者，不死於溝壑即相率而為盜賊耳，安得而不亂哉。（《壯悔堂文集‧正百姓》）

農民的生活如此。另一面，由於倭寇的肅清，商業和手工業的發達，海外貿易的發展，海內市場的擴大，計畝徵銀的一條鞭賦稅制度的實行，貨幣地租逐漸發展，高利貸和商業資本更加活躍，農產品商品化的過程加快了。商人階級興起了。從親王勛爵官僚士大夫都經營商業，如「楚王宗室錯處市廛，經紀貿易與市民無異。通衢諸綢帛店俱係宗室。間有三吳人攜負至

彼開舖者，亦必借王府名色」。（包汝楫《南中紀聞》）如翊國公郭勳京師店舍多至千餘區。（《明史》卷一三〇〈郭英傳〉）如慶雲伯、周瑛於河西務設肆邀商賈，虐市民，虧國課。周壽奉使多挾商艘。（《明史》卷三〇〇〈周能傳〉）如吳中官僚集團開設囤房債典百貨之肆，黃省曾《吳風錄》說：

自劉氏、毛氏創起利端，為鼓鑄囤房，王氏債典，而大村名鎮必張開百貨之肆，以權管其利，而村鎮之負擔者俱困。由是累金百萬。至今吳中縉紳仕夫，多以貨殖為急，若京師官店六郭開行債典興販屠酤，其術倍克於齊民。

嘉靖初年夏言疏中所提到的「見畝徵銀」，和顧炎武所親見的西北農民被高利貸剝削的情況：

日見鳳翔之民，舉債於權要，每銀一兩，償米四石，此尚能支持歲月乎！（《亭林文集》卷三〈病起與薊門當事書〉）

商人階級因為海外和內地貿易的關係，他們手中存有鉅額的銀貨，他們一方面利用農民要求銀貨納稅的需求，高價將其售出，另一方面又和政府官吏勾結，把商品賣給政府，收回大宗的銀貨，如此循環剝削，資本累積的過程，商人階級壯大了，他們日漸成為社會上的新興力量，成為農民階級新的吸血蟲。

西門慶所處的就是這樣一個時代，他代表他所屬的那個新興階級，利用政治和經濟的勢力，加緊地剝削著無助的農民。

五、《金瓶梅》的社會背景

因此，在生活方面就表現出兩個絕對懸殊的階級，一個是荒淫無恥的專務享樂的上層階級，上自皇帝，下至市儈，莫不窮奢極欲，荒淫無度。就過去的歷史事實來說，「皇帝家天下」，天下的財富即是皇帝私人的財富，所以皇帝私人不應再有財富。可是在這個時代，連皇帝也殖私產了，金花銀所入全充內帑，不足則更肆蒐括。太倉太僕寺所藏本供國用，到這時也拚命借支，藏於內府，擁寶貨做富翁。日夜希冀求長生，得以永保富貴。和他的大臣官吏上下一致地講祕法，肆昏淫，明穆宗、譚綸、張居正這一些享樂主義者死在醇酒婦人手中，和明神宗的幾十年不接見朝臣，深居宮中的腐爛生活正足以象徵這個時代。社會上的有閒階級，更承風導流，夜以繼日，妓女、小唱、優伶、賭博、酗酒，成為日常生活，笙歌軟舞，窮極奢華。在這集團下面的農民，卻在另一極端，過著飢餓困窮的生活。他們受著十幾重的剝削，不得不在最低標準下生活著，流離轉徙，一遭意外，便只能賣兒鬻女。在他們面前只有兩條道路：一條是轉死溝壑，一條是揭竿起義。西門慶的時代，西門慶這一階級的生活，我們可以拿兩種地方記載來說明。《博平縣誌》卷四〈人道〉六「民風解」：

……至正德、嘉靖間而古風漸渺，而猶存什一於千百焉。……鄉社村保中無酒肆，亦無遊民。……畏刑罰，怯官府，竊鐵攘雞之訟，不見於公庭。……由嘉靖中葉以抵於今，流風愈趨愈下，慣習驕吝，互尚荒佚，以歡宴放飲為豁達，以珍味

第一章 《金瓶梅》的故事及其衍變

豔色為盛禮。其流至於市井販鬻廝隸走卒，亦多纓帽緗鞋，紗裙細袴，酒壚茶肆，異調新聲，泊泊浸淫，靡焉勿振。甚至嬌聲充溢於鄉曲，別號下延於乞丐。……逐末遊食，相率成風。

截然地把嘉靖中葉前後分成兩個時代。崇禎七年刻《鄆城縣誌》卷七〈風俗〉：

鄆地……稱易治。邇來競尚奢靡，齊民而士人之服，士人而大夫之官，飲食器用及婚喪遊宴，盡改舊意。貧者亦椎牛擊鮮，合饗群祀，與富者鬥豪華，至倒囊不計焉。若賦役施濟，則毫釐動心。里中無老少，輒習浮薄，見敦厚儉樸者窘且笑之。逐末營利，填衢溢巷，貨雜水陸，淫巧恣異，而重俠少年復聚黨招呼，動以百數，椎擊健訟，武斷雄行。胥隸之徒亦華侈相高，日用服食，擬於市宦。

所描寫的「市井販鬻」、「逐末營利」商業發展情形和社會風氣的變化，及其生活，不恰就是《金瓶梅》時代的社會背景嗎？

我們且看西門慶和稅關官吏勾結的情形：

西門慶叫陳經濟後邊討五十兩銀子來，令書僮寫了一封書，使了印色，差一名節級，明日早起身，一同去下與你鈔關上錢老爹，叫他過稅之時，青目一二。（第五十八回）

西門慶聽見家中卸貨，吃了幾鍾酒，約掌燈以後就來家。韓夥計等著見了，在廳上坐的，悉把前後往回事，說了一遍。西門慶因問錢老爹書下了，也見些分上不曾？韓道國道：「全是錢老爹這封書，十車貨少使了許多稅錢，小人把緞箱兩箱並一

箱,三停只報兩停,都當茶葉馬牙香,櫃上稅過來了。通共十大車,只納了三十兩五錢鈔銀子,老爹接了報單,也沒差巡捕攔下來查點,就把車喝過來了。」

西門慶聽言,滿口歡喜,因說:「到明日少不了重重買一分禮,謝那錢老爹。」(第五十九回)

和地方官吏勾結,把持內廷進奉的情形:

應伯爵領了李三來見西門慶。……李三道:「今有朝廷東京行下文書,天下十三省,每省要萬兩銀子的古器,咱這東平府,坐派著二萬兩,批文在巡按處,還未下來。如今大街上張二官府破二百兩銀子,干這宗批要做,都看有一萬兩銀子尋。……」西門慶聽了說道:「批文在那裡?」李三道:「還在巡按上邊,沒發下來呢。」西門慶道:「不打緊,我這差人寫封書,封些禮,問宋松原討將來就是了。」李三道:「老爹若討去,不可遲滯,自古兵貴神速,先下米的先吃飯,誠恐遲了,行到府里,吃別人家乾的去了。」西門慶笑道:「不怕他,設使就行到府里,我也還教宋松原拿回去就是,胡府尹我也認的。」(第七十八回)

當時商人進納內廷錢糧的內幕:

李三黃四商量向西門慶再借銀子,應伯爵道:「你如今還得多少才夠?」黃四道:「李三哥他不知道,只要靠著問那內臣借一般,也是五分行利。不如這裡藉著衙門中勢力兒,就是上下使用也省些。如今找著,再得出五十個銀子來,把一千兩合

第一章　《金瓶梅》的故事及其衍變

用,就是每月也好認利錢。」

應伯爵聽了,低了低頭兒,說道:「不打緊……管情就替你說成了。找出了五百兩銀子來,共搗一千兩文書,一個月滿破認他五十兩銀子,那裡不去了,只當你包了一個月老婆了。常言道秀才取添無真,進錢糧之時,香裡頭多上些木頭,蠟裡頭多攙些柏油,那裡查帳去!不圖打點,只圖混水,藉著他這名聲兒,才好行事。」(第四十五回)

西門慶不但勾結官吏,偷稅漏稅,營私舞弊,並且一般商人還借他做護符,賺內廷的錢!

在另一方面,另一階級的人,卻不得不賣兒鬻女。《詞話》第三十七回:

馮媽媽道:「爹既是許了,你拜謝拜謝兒。南首趙嫂兒家有個十三歲的孩子,我明日領來與你看,也是一個小人家的親養孩兒來,他老子是個巡捕的軍,因倒死了馬,少樁頭銀子,怕守備那裡打,把孩子賣了,只要四兩銀子,教爹替你買下吧!」

這樣的一個時代,這樣的一個社會,農民的忍耐終有不能抑止的一天。不到三十年,火山口便爆發了!張獻忠、李自成的大起義,正是這個時代這個社會的必然發展。

這樣的一個時代,這樣的一個社會,才會產生《金瓶梅》這樣的一部作品。

第二章

西王母傳說

■ 一、西王母故事的衍變

　　西王母之名最早見於中國典籍中，當為戰國末期的作品──《山海經》中的〈西山經〉：

　　……又西三百里曰玉山，是西王母所居也。西王母其狀如人，豹尾虎齒而善嘯，蓬髮戴勝，是司天之厲及五殘。

　　郭璞注〈穆天子傳〉即據此文：

　　西王母如人，虎齒蓬髮，戴勝，善嘯。

　　〈海內北經〉又據此文，另外替它加顧了三個廚役來服侍，在裝飾方面，也加了「梯幾」二字的形容詞，肯定它的住所在崑崙墟北，而不言玉山。

　　西王母梯幾而戴勝，其南有三青鳥，為西王母取食，在崑崙墟北。

　　〈大荒西經〉更詳細了，連它的住址方向、周圍事物、面貌、居處，都有肯定的記述：

第二章　西王母傳說

　　西海之南,流沙之濱,赤水之後,黑水之前,有大山名曰崑崙之丘。有神人面虎身有文,有尾皆白,處之。其下有弱水之淵環之。其外有炎火之山,投物輒燃,有人戴勝虎齒,有豹尾,穴處,名曰西王母。此山萬物盡有。

　　從「其狀如人」到「有人戴勝虎齒有豹尾」,由「似人的獸」到「似獸的人」,這是西王母在她的故事中的第一次衍變。由此而生出來若干擴到無窮大的故事。

　　接著,我們在汲塚所發現的〈穆天子傳〉中,果然遇見了一位確是人類,極有禮儀,能應酬,能歌謠,雄長一方的西王母:

　　及遂西征,癸亥至於西王母之邦。

　　吉日甲子,天子賓於西王母,乃執白圭玄璧以見西王母,好獻錦組百純,□組三百純,西王母再拜受之,□乙丑天子觴西王母於瑤池之上,西王母為天子謠曰:「白雲在天,山陵自出,道里悠遠,山川間之,將子無死,尚能復來。」天子答之曰:「予歸東土,和洽諸夏,萬民平均,吾願見汝,比及三年,將復而野。」天子遂驅升於弇山,乃紀其跡於弇山之石,而樹之槐眉曰西王母之山,西王母之山還歸兀□,世民作憂以吟曰:「北徂西土,爰居其野,虎豹為群,烏鵲與處,嘉命不遷,我唯帝女,彼何世民,又將去子,吹笙鼓簧,中心翔翔,世民之子,唯天所望。」

　　自群玉之山以西至於西王母之邦三千里,□自西王母之邦北至於廣原之野,飛鳥之所解其羽,千有九百里。

一、西王母故事的衍變

在《山海經》、《列子》諸書中，因循傳衍，都有類似的記載。（詳見另文。）從渺茫的似獸的人到真正的人，這是西王母的第二次衍變。

《焦氏易林》是漢代一部卜筮的書，所收容的筮詞中，包含不少與西王母有關的故事，如〈訟〉之第六「泰」：

弱水之西，有西王母，生不知死，與天相保。

西王母是一個長生不死的生物。〈坤〉之第二「賁」：

稷為堯使，西見王母。拜請百福，賜我善子。

西王母成求子與求福的目標，並與堯稷發生關係。〈小畜〉之第九〈大有〉：

金牙鐵齒，西王母子，無有患殆，滅害道利。

〈大壯〉之三十四「咸」：

畜雞養狗，長息有儲，耕田有黍，王母喜舞。

〈明夷〉之三十六「訟」：

穿鼻繫株，為虎所據，王母祝禱，禍不成災，突然脫來。

西王母又成為社神及含有神祕性之巫祝。（詳見另文。）由真正的人衍變為長生不死，求子與求福的目標，社神，巫祝等多方面的發展，並和傳說中更古的人王發生關係，這是西王母的第三次衍變。

第二章　西王母傳說

西王母在什麼時候才變成女人的呢？這問題在《漢書》中予以一劃時代的解答。《漢書》卷八十四〈翟方進傳〉：

莽於是依《周書》作大誥曰：「……太皇太后肇有元城沙鹿之右，陰精女主聖明之祥，配元生成，以興我天下之符，遂獲西王母之應[001]，神靈之徵，以佑我帝室，以安我太宗，以紹我後嗣，以繼我漢功。」

《太平御覽·禮儀部》引衛宏《漢舊儀》云：「祭王母於石室，皆在所二千石令長奉祠。」

卷九十八〈元后傳〉：

莽乃下詔曰：「……更命太皇太后為新室文母太皇太后，協於新室。故交待之際，信於漢氏，哀帝之代，世傳行詔，為西王母共具之祥，當為歷代為母，昭然著名。」

所謂祠祀，行詔，《漢書》卷二十六〈天文志〉：

哀帝建平四年，正月二月三月民相驚動，讙譁奔走，傳行詔籌祠西王母。

〈五行志〉下之上說得更詳細：

哀帝建平四年正月，民驚走持稿或掫一枚，傳相付與，曰：「行詔籌。」道中相過逢，多至千數，或被髮徒跣，或夜折關，或踰牆入，或乘車騎奔馳，以置驛傳行經歷郡國二十六至京師。其夏，京師郡國民聚會里巷阡陌，設祭，張博具，歌舞祠

---

[001]　孟康曰：「民傳祀西王母之應也。」

西王母。

又傳書曰:「母告百姓,佩此書者不死,不信我言,視門樞下當有白髮。」至秋止。

這時候哀帝祖母傅太后用事,杜鄴對策以為:「西王母婦人之稱,博弈男子之事。」此種現象為外家用事之應。西王母從此便固定地變成女人,這是西王母故事的第四次衍變。

漢自景武以來,董仲舒始以陰陽五行之說敷合儒學,得時主信任,學風為之一變,在這種思潮下產生的《吳越春秋》,自然也受到影響,西王母是女人,屬陰,當得有一位屬陽的來配她。於是由西想到東,由母想到公,東西公母都是相對的,因此就新造成一位東王公,東屬木,故又稱木公,西屬金,故西王母也稱金母。

種曰:「一曰尊天事鬼以求其福……」越王曰:「善!」乃行第一術,立東郊以祭陽,名曰東王公,立西郊以祭陰,名曰西王母,祭陵山於會稽,祀水澤於江州,事鬼神一年,國不被災。(〈勾踐陰謀外傳〉)

從陰陽五行的相對,而產生出一位東王公,來配西王母,這是西王母故事的第五次衍變。

西王母既然被指定為女人,又替她找出一位陽性來配襯。《易・繫辭・下》:「天地絪縕,萬物化醇,男女構精,萬物化生。」「一陰一陽之謂道」,男女間的事,我們的古人素來有些不順口,可是對於過去的在傳說中的古人替他們撮合一下,也還無

第二章 西王母傳說

傷大雅,《神異經・中荒經》說:

> 崑崙之山有銅柱焉,其高入天,所謂天之柱也。周三千里,周圍如削,下有回屋,方百丈,仙人九府治之。上有大鳥,名曰希有,南向張左翼覆東王公,右翼覆西王母,背上小處無羽一萬九千里,西王母歲登翼上會東王公也,其柱銘曰:「崑崙銅柱,其高入天,圓周如削,膚體美焉。」其鳥銘曰:「有鳥希有,碌赤皇皇,不鳴不食,左覆東王公,右覆西王母。王母既東,登之自通,陰陽相須,唯會益工。」

從一年一度在希有背上相會的喜劇,又衍變成另一系統的牛郎織女的故事。由東王公的產生到西王母的結婚,這是西王母故事的第六次衍變。

以上曾提及和西王母發生過關係的人王有周穆王、堯、稷……但是經過了若干年的渲染以後,西王母已不再是從前那樣「豹尾虎齒」的怪狀,或龍鍾白髮的老巫了,她的外表已經經過若干幻想家、文人所修飾,成為一位最漂亮的典型的女性:

> 王母唯扶二女侍上殿,侍女年可十六七,服青綾之褂,容眸流盼,神姿清發,真美人也!王母上殿東向坐,著黃金褡,文采鮮明,光儀淑穆,帶靈飛大綬,腰佩分景之劍,頭上太華髻,戴太真晨嬰之冠,履元璃鳳文之舄,視之年可三十許(《集仙錄》作二十許,更年輕,詳另文),修短得中,天姿掩藹,靈顏絕世,真靈人也。——《道藏・同真部・記傳類》卷一〇七〈海上〉

一、西王母故事的衍變

漢武帝在中國史上是一位傑出的人主,他雖窮兵黷武,希求長生,但在一般人的眼光中,卻不致如秦始皇那樣討人厭。《史記・封禪書》中荒渺影約的敘述,使他被動地不得不和西王母發生關係,而成為西王母故事中最為精采的一部分。

中國的古史是「層疊地造成」,譬如積薪,後來居上,中國的故事也是如此,漢武帝既已和西王母發生關係,為什麼比他更早的反而不能呢?於是歷史上有名的人主——燕昭王、舜、禹、黃帝……便連茅拔茹地都成為故事中的一個角色。這是西王母故事衍變的第七階段。神仙家的調製使西王母成為一位女仙,握有神祕的權力。古代有無男女平權的思想,文獻不足,我們不能詳知,不過「男女有別」是儒家的教條之一,同時也是社會的無形制裁。所以《博物誌》所賦予王母的職責:

老子云:「萬民皆付西王母,唯王聖人真人道人之命,上屬九天君耳。」——《博物誌・雜說》上

便不為人所滿意,因為這不但地位太低,而且「男女無別」,大不是道理。他們便重來一下,把她改成唯一的女仙領袖,和東王公分性而治:

金母元君者,九靈太妙龜山金母也,一號太虛九光龜臺金母元君,一號曰西王母,乃西華之至妙,洞陰之極尊,在昔道無凝寂,湛體無為,將欲啟迪玄功,化生萬物;先以東華至精之氣,化而生木公,木公生於碧海之上,芬靈之墟,以主陽和之氣,理於東方,亦號曰東王公焉。又以西華至妙之氣,化

第二章　西王母傳說

而生金母,金母生於神洲伊川,厥姓緱氏,生而飛翔,以主陰靈之氣,理於西方,亦號西王母,皆質挺大無,毓神玄奧,於西方渺莽之中,分大道醇精之氣,結氣成形,與東王公共理二氣,而養育天地,陶鈞萬物矣。體柔順之本,為極陰之元,位配西方,母養群品,天上天下,三界十方,女子之登仙得道者咸所隸焉。——《說郛》卷一百十三;漢·桓〈西王母傳〉;《道藏·洞神部·譜錄類》;《墉城集仙錄》金母元君

於是西王母又搖身一變,變成統轄同性的神仙,完成了在她的故事中的第八次衍變。

人生最難得的是永久的美貌,最不可求的是亙古的長生,最不易取得的是領袖的地位,現在西王母什麼都有了,她還缺少一些什麼呢?聰明的古人又替她想出,「不孝有三,無後為大」,她既有丈夫,又年輕,應該有幾個子女來完成她的圓滿的生命過程,於是她的故事又走入一個新的階段,我們來看古人替她安排好的新家庭分子:

南極王夫人者,王母第四女也,名林,字容真,一號紫元夫人,或號南極元君,理太丹宮。——《三洞群仙錄》;《墉城集仙錄》

雲華夫人王母第二十三女。太真王夫人之妹也。名瑤姬。——《墉城集仙錄》二

紫微王夫人名清娥,字愈音,王母第二十女也。[002]

---

[002]　〈許邁真人傳〉作王母第二十七女。

雲林右英王夫人名媚蘭，字申林，王母第十三女也，受書為雲林宮右英夫人，治滄浪宮。——《墉城集仙錄》；《太平御覽》六七四引南真說

太真夫人者王母之小女也，名婉羅，字勃，遂事玄都太真王，有子為三天太上官府都司直，主總天曹之違，比地上之卿佐。——《道藏・洞神部・譜錄類》；《墉城集仙錄》卷二

據以上所引的看，她至少有二十四個女兒，二十四個女婿，幾百十位外孫，佩玉鏗鏘，真極一時之盛！

但是，「名不正，則言不順」，西王母的女兒都有名有字，她自己也應該有一個出身的根源和名字才對。於是〈軒轅黃帝傳〉替她找出她的父親：

時有神人西王母者，太陰之精，天地之女。

段成式替她找出她的姓名字號生卒：

西王母姓楊名回，治崑崙西北隅，以丁丑日死，一日婉妗。——《酉陽雜俎》十四；《諸臬記》

杜光庭又認為她姓緱：

金母生於神洲伊川，厥姓緱氏。——《墉城集仙錄・金母元君》

又有人認為她姓侯，姓焉：

西王母姓楊，一曰緱氏，一曰侯氏，一曰焉氏。名回，一曰婉妗。——《少室山房筆叢》壬部；《玉壺遐覽》二

第二章　西王母傳說

〈續仙傳〉又替她找出後代的子孫：

> 緱仙姑者長沙人也……他日又言西王母姓緱，乃姑之聖祖也……河南緱氏乃王母修道之處，故鄉之山也。

西王母的本身的故事，到此已經完滿到無以復加，再也不能加什麼更新鮮的東西上去了。以後的文人、幻想家，因為故事的本身已經凝固，他們也只能從表面上去加一點髹漆，使她更美麗，更神祕，卻不能從質的方面把她改動一下。

以上就縱的方面簡單地說明西王母的故事的幾個衍變過程，現在我們再來看橫的方面發展：

（一）道德家的西王母

據上文所引《漢書》中的記載，知道西漢建平以前，西王母已經很普遍地成為民眾所崇祀，國家也叫地方官按時致祀的神祇了。這樣一位名人，當然值得援引來幫場面，《莊子‧大宗師篇》就不客氣地實行拉夫主義：

> 夫道有情有信，無為無形，可傳而不可受，可得而不可見……堪壞得之以襲崑崙，馮夷得之以遊大川，肩吾得之以處大山，黃帝得之以登雲天，顓頊得之以處玄宮，禺強得之立乎北極，西王母得之坐於少廣，莫知其始，莫知其終。

把西王母輕輕地放入黃帝、禺強、顓頊、馮夷一些古人堆

中,自然西王母也成了一位道地的古代賢人了。這一牽引似乎太不自然一點,所以後人很少引用,「西王母坐於少廣」的故實,僅被因襲於〈軒轅黃帝傳〉:

> 時有神人西王母者,太陰之精,天地之女,虎首豹尾,蓬頭戴勝,顆然白首,善嘯,石城金臺而穴居,坐於少廣山,有三青鳥,常取食。

(二) 羿與嫦娥

《山海經》中的帝俊妻常羲,唸的人一不留心便把她衍成常義,又衍成常我,再替她加上女字旁成為嫦娥,這正如清代對付西方人一樣,老是替他們加上口字旁,成為咭唎、哦囉嘶。在〈海內西經〉有「百神之所在,在八隅之巖,赤水之際,非仁羿莫能上岡之巖」一段神話,〈海內南經〉又有「羿與鑿齒戰於疇華之野,羿射殺之,在崑崙虛東」一些功績,不知是何因緣,兩人便結合和西王母發生關係:

> 乞火不若取燧,寄汲不若鑿井,譬若羿請不死之藥於西王母,姮娥竊以奔月,悵然有喪,無以續之。何則?不知不死之藥所由生也。——《淮南子·覽冥訓》

張衡《靈憲》:

> 羿請不死之藥於西王母,妻嫦娥竊以奔月,託身於月,是為蟾蜍。

郭璞《山海經圖贊》不死樹：

萬物暫見，人生如寄，不死之樹，壽蔽天地，請藥西姥，焉得如羿？

(三) 漢晉以來詞人與王母上壽

西王母到什麼時候方成為一個美麗的女仙？這問題我們雖不能予以正式的劃時代的解答，但從反面看，至少可以知道她在什麼時期以前不是如此。從上文的引證，我們已知道西王母的衍成女性，是在西元前 90 年到西元前 3 年這一時期中，現在我們再來考察一下她在什麼時期以前，不是一個如後人所描寫那麼美貌的一個女人。

漢晉間詞人用西王母作為點綴的作品很多，現在只摘錄其有關容貌或外表的描寫的於下：

在司馬相如的〈大人賦〉中，西王母依然是「曒然白髮戴勝而穴處」那樣一個怪物，和《山海經》中所描寫的沒有什麼走樣：

西望崑崙之軋沕洸忽兮，直徑馳乎三危。排閶闔而入帝宮兮，載玉女而與之歸，登閬風而遙集兮，亢烏騰而一止，低迴陰山翔以紆曲兮，吾今日乃睹西王母，曒然白髮戴勝而穴處兮，亦幸有三足烏為之使，必長生若此而不死兮，雖濟萬世不足以喜。

稍後的楊雄〈甘泉賦〉中的西王母便已改頭換面了：

風而扶轄兮驚鳳紛其御蕤，梁弱水之瀺灂兮躡不周之委

蛇，想西王母欣然而上壽兮屏玉女而卻宓妃，玉女無所眺其清盧兮宓妃曾不得施其娥眉，方攬道德之精剛兮俾神明與之為資。

在他的描寫中我們得到兩個關鍵，其一是西王母是個絕世的美人，因為玉女、宓妃都是傳說中的美女，西王母一上來便屏玉女而卻宓妃，使玉女無所眺其清盧，宓妃不得使其娥眉，其美可知！其二是王母上壽的故事，從「欣然而上壽」短短的五字便衍成後來若干有趣的瑤池慶壽的故事。

班彪〈覽海賦〉也提及王母，把她和古仙人松喬並列：

朱紫翠爛，明珠夜光，松喬坐於東序，王母處於西箱。

身處「朱紫」、「明珠」中，已不是從前「穴居野處」那樣寒村了。張衡〈思玄賦〉更明白地指出她的美：

聘王母於銀臺兮羞玉芝以療飢，戴勝其既歡兮又誚餘之行遲，載太華之玉女兮召洛浦之宓妃，咸姣麗以蠱媚兮，增嫮眼而娥眉，舒婧之纖腰兮揚錯雜之袿徽。

經過這幾番做作以後，西王母的美已成鐵般的事實，不再有人懷疑了。試看：

玉珮連浮星，輕冠結朝霞，列坐王母堂，醴餐瓊瑤華，湘妃詠涉江，漢女奏陽阿。（晉・張華〈遊仙詩〉）

潘尼〈琉璃碗賦〉：

濟流沙之絕險，越蔥嶺之峻危；於是遊四極，望大蒙，歷鐘山，燭龍，觀王母，訪仙童。

第二章　西王母傳說

陶潛〈讀山海經〉：

玉臺凌霞秀，王母怡妙顏。天地共俱生，不知幾何年？靈化無窮已，館宇無一山。高酣發新謠，寧效俗中言！

再看時代較後一點的：

鼎湖流水清且閒，軒轅去時有弓劍，古人傳道流其間，漢宮嬋娟多花顏。乘鸞飛煙亦不還，騎龍攀天造天關。造天關，聞天語，長雲河車載玉女。載玉女，過紫皇，紫皇乃賜白兔所持之藥方，後天而老凋三光，下視瑤池見王母，蛾眉蕭颯如秋霜。——李白〈飛龍引〉

蓬萊宮闕對南山，承露金莖霄漢間。西望瑤池降王母，東來紫氣滿函關。雲移雉尾開宮扇，日繞龍鱗識聖顏。一臥滄江驚歲晚，幾回青瑣點朝班。——杜甫〈秋興〉

是「妙顏」，是「娥眉」，雍容華貴，儀態萬方，假使我們拿《山海經》所描寫的和這些比較，也許是一件極有趣味的事情，可注意的是〈十洲記〉、《漢武內傳》、《漢武外傳》、〈漢武故事〉、《博物誌》、〈洞冥記〉、《尚書帝驗期》、〈列仙傳〉一些託名漢人的著作所描寫的，把她和以上的引證一比較，立刻可以知道到底是誰先誰後和因襲放大的痕跡。

（四）西王母與西戎及其他

在〈穆天子傳〉中告訴我們，西王母是西方一家的酋長，這一事實的發現，立刻使西王母和西方各地發生各種不同的關係，第一是西王母，《荀子·大略篇》、《新序》都說：

禹學於西王國。（《路史·疏仡紀》作西王恎）

或西王母國，《論衡·恢國篇》：

元始四年金城塞外羌良橋橋種良願等獻其魚鹽之地願內屬……西王母國在絕極之外而漢屬之。

《太平御覽·道部》三引《尚書·帝驗期》：

王母之國在西荒，凡得道授書者皆朝王母於崑崙之闕。

《藝文類聚》十一引《雒書·靈准聽》：

西王母授益地圖。[003]

《路史·餘論》卷九〈西王母〉：

西王母西方昏荒之國也。

〈外國圖〉：

西王母國前弱水中，有玉山白兔。

或西王母，《爾雅》：

孤竹北戶西王母日下謂之四荒。

---

[003] 西王母西方之國也。

第二章　西王母傳說

《史記‧大宛列傳》：

安息長老傳言，條支有弱水西王母而未嘗見。

《淮南子‧墬形訓》：

西王母在流沙之瀕。

第二是一方酋長的西王母，《竹書紀年》：

穆王十七年西王母來賓。

《大載禮》、《三朝記》、《世紀》、《世本》、《尚書帝驗期》更提早千餘年，抬出古史上有名的舜來：

昔西王母獻舜白玉琯及益地圖。

《宋書》二十九〈符瑞志〉所記相同：

西王母舜時來獻白環白珮。

《禮鬥威儀》則作：

獻地圖及玉塊。

《太平御覽》六百九十二引〈瑞應圖〉又抬出一個更古的人王：

黃帝時西王母乘白鹿來獻白環。

第三是西王母山，《山海經‧大荒西經》：

西有王母之山。

《太平御覽》七百九十引《河圖‧括地象》：

殷帝太戊使王孟採藥於西王母。

〈軒轅黃帝傳〉：

黃帝立臺於沃人國西王母之山，名軒轅臺。

《十六國春秋》：

甘松山東北有西王母樗蒲山，大有神驗，江水出焉。

〈沙州記〉亦云：

羊鶻嶺東北二百里有大山，遙視甚似東嶽岱山，極高，大險峻，嵯峨崔巍，頗有靈驗，羌胡父老云是西王母樗蒲山。

第四是西王母石室，《漢書‧地理志》：

西王母石室在金城臨羌西北塞外。

《十六國春秋‧前趙錄》：

周穆王見西王母，樂而忘歸，即住此山，山有石室王母堂，珠璣鏤飾，煥若神宮。

〈十洲記〉：

赤水西有白玉山，山有西王母石室。

〈列仙傳〉：

赤松子者神農時雨師也，服水石以教神農，能入火不燒，至崑崙山上，常止西王母石室中，隨風雨上下。

（五）西王母與動、植、礦物

同樣，西王母和她原來的本家，扁毛的禽，四足的獸，不識不知的植物礦物也發生了關係。

《抱朴子·登涉》：

山中卯日稱大人者兔也，稱東王父者麋也，稱西王母者鹿也。

杜甫〈玄都壇歌〉有王母鳥：

屋前太古玄都壇，青石漠漠常風寒。
子規夜啼山竹裂，王母晝下雲旗翻。

鄺露《赤雅》下：

王母若練雀，青色，尾最長，有錢如孔，猱中有裘織成錢文⋯⋯

在植物中有西王母簪，《廣志》：

龍鬚一名西王母簪。

有西王母席，《古今注》及《蘇氏演義》卷下：

至今有虎鬚草，江東人亦織以為席，號曰西王母席。

有西王母杖，《抱朴子·仙藥》：

象柴一名純盧是也。或名仙人杖，或云西王母杖。

有西王母棗，《藝文類聚》八十七引《晉宮名》：

華林園棗六十二株，王母棗十四株。

一、西王母故事的衍變

〈鄴中記〉：

石虎園中有西王母棗，冬夏有葉，九月生花，十二月乃熟，三子一尺。

《洛陽伽藍記》：

景陽山有百果園，果別作一林，林各有一堂。有仙人棗，長五寸，把之兩頭俱出，核細如針，霜降乃熟，食之甚美。俗傳雲出崑崙山。一曰西王母棗。

《西京雜記》：

初修上林苑，群臣遠方各獻名果異樹，亦有製為美名，以標奇麗……棗七，弱枝棗，玉門棗，棠棗，青華棗，棗，赤心棗，西王母棗，出崑崙山。

《太平御覽》卷九五六引《廣志》：

東郡谷城紫棗長二寸，西王母棗大如李核，三月熟，眾果之先熟者也。種洛陽宮後園之內。

《廣記》：

西王母棗大如李核，三月熟，在眾果之先，出於洛陽宮後園。

有西王母桃，《洛陽伽藍記》：

景陽山百果園有仙人桃，其色赤，表裡照徹，得霜乃熟，亦出崑崙山，一曰西王母桃也。

第二章　西王母傳說

《太平御覽》九六七引〈漢武故事〉：

東郡獻短人，帝呼東方朔，朔至，短人指朔謂上曰：「王母種桃三千年結子，此兒不良，已三過偷之矣。」後西王母乃出桃七枚，母自噉二，以五枚與帝，帝留核著前。王母問曰：「用此何為？」上曰：「此桃美，欲種之。」母嘆曰：「此桃三千年一著子，非下土所植也。」後上殺諸道士妖妄者百餘人，西王母遣使謂上曰：「求仙信邪，欲見神人而殺戮，吾與帝絕矣。」又致三桃曰：「食此可得極壽。」

〈拾遺記〉：

明帝因貴人夢食瓜甚美，帝使求諸方國，時煌獻瓜種，恆山獻巨桃核。瓜名穹隆，長三尺而形屈曲，味美如飴。父老云：「昔道士從蓬萊山得此瓜，云是崆峒靈瓜，四劫一實，西王母遺於此地，世代遐絕，其實頗在。」又說巨桃霜下結花，隆暑方熟，亦云仙人所食，帝使植於霖林園，園皆植寒果，精冰之節，百果方盛，俗謂之相陵，與霖林之音訛也，后曰：「王母之桃，王公之瓜，可得而食，吾萬歲矣！安可植乎？」后崩，侍者見鏡奩中有瓜桃之核，視之涕零，疑其非類耳。

南北朝・任昉有〈詠池邊桃〉詩：

已謝王母苑，復揖綏山枝。聊逢賞者愛，樓趾傍蓮池。開紅春灼灼，結實夏離離。

宋‧伻輯之〈園桃賦〉：

嗟王母之奇果，特華實兮相副，既陶照之夏成，又凌寒而冬就。

唐‧李白有〈庭前晚開花〉詩：

西王母桃種我家，三千陽春始一花。結實苦遲為人笑，攀折唧唧長諮嗟！

西王母桃從此以後，便成為文人所喜用的典故，又有西王母樹，《太平御覽》卷九九五引〈鄴中記〉：

金華殿後有石虎皇皇浴室。種雙長松樹，世謂之西王母長生樹。

有王母珠，《蘇氏演義》下：

苦葳，一名苦織子，有裡，形如皮弁，長安女童名為神珠，亦曰王母珠。

在礦物中有西王母白環，《舊唐書‧肅宗本紀》：

楚州刺史崔侁獻定國寶玉十三枚……四曰西王母白環二枚，白玉也，徑六七寸。

《酉陽雜俎》一，所載稍異：

楚州獻定國寶一十二……四曰西王母白環二枚，所在處外國歸伏。

（六）西王母使者

從《山海經》「有三青鳥為西王母取食」的記載，又衍成若干西王母使者的故事，由於原文「三青鳥」的限定，所以這一些故事中的使者也總離不了「鳥」。

三青鳥在司馬相如〈大人賦〉中擰成三足烏：

> 吾今日乃睹西王母，矔然白髮戴勝而穴處兮，亦幸有三足烏為之使。

〈漢武故事〉把她作個別的描寫：

> 七月七日上於承華殿齋正中，忽有一青鳥從西方來集殿前，上問東方朔，朔曰：「此西王母欲來也。」有頃，王母至，有二青鳥如烏挾侍王母。

所以說「如烏」是因為司馬相如先說成三足烏，又不敢撤去《山海經》的根據，只好取折衷辦法，兩面俱到，說成「二青鳥如烏」了。《續齊諧記》把使者搖身一變，成為黃雀，反正顏色雖改，到底還離不了「鳥」根。

> 宏農楊寶性慈愛，年九歲至華陰山，見一黃雀為鴟梟所搏逐樹下，傷瘢甚多，宛轉後為螻蟻所困，寶懷之以歸，置諸梁上，夜聞啼聲甚切，親自照視，為蚊所噆，乃移置巾箱中，啖以黃花，逮十餘日毛羽成，飛翔朝去暮來，宿巾箱中，如此積年，忽與群雀俱來，哀鳴繞堂，數日乃去。

是夕，寶乃更讀書，有夢黃衣童子曰：「我王母使者，昔使蓬萊，為鴟梟所博，蒙君之仁愛見救，今當受賜南海。」別以四白玉環與之曰：「令君子孫潔白，且從登三公，如此環矣。」

寶之孝大聞天下，名位日隆。子震，震生秉，秉生彪，四世名公。及震葬時，有大鳥降，人皆謂真孝報也。

〈漢武帝內傳〉又把她人格化：

四月戊辰，帝閒居承華殿，東方朔、董仲舒在側，忽見一女子著青衣，美麗非常，帝愕然問之，女對曰：「我墉宮玉女王子登也，乃為王母所使，從崑崙山來。」……言訖，玉女忽不知所往。

帝問東方朔此何人？朔曰：是西王母紫蘭宮玉女，常傳使命，往來扶桑。出入靈州、交關、常陽，傳言元都阿母，昔出配北燭仙人，近又召還，使領命祿，真靈宮也。（《說郛》本）

這一故事也極為晉唐詞人所愛好，常被引用在他們的作品中，陶潛〈讀山海經〉：

翩翩三青鳥，毛色奇可憐。朝為王母使，暮歸三危山。我欲因此鳥，具向王母言，在世無所須，唯酒與長年。

李賀〈錦囊集外〉：

崑崙使者無消息，茂陵煙樹生愁色。金盤玉露自淋漓，元氣茫茫收不得。麒麟背上石紋裂，虯龍鱗下紅肢折。何處偏傷萬國心，中天夜入高明月。

第二章 西王母傳說

李白〈寓言〉：

遙裔雙綵鳳，婉孌三青禽。往還瑤臺裡，鳴舞玉山岑。以歡秦娥意，復得王母心。驅驅精衛鳥，銜木空哀吟。

甚至在視為正經大事的對策文中也習用這一典故，駱賓王〈對策文〉：

玉壘變萇弘之血，金關化浮丘之靈，固能目睹桑田，來作西王之使，魂遊蒿裡，還為北帝之臣。

王母的另一使者是獸——白虎。在我們讀了《山海經》以後，再讀《漢武內傳》或〈十洲記〉這一類的記載，這兩者間外貌描寫的懸殊，實在太使我們驚異不置。杜光庭先生看穿了這矛盾，很巧妙地用「偷梁換柱」的方法把它彌縫過去，他說：《爾雅》云：「王母髮戴勝，虎齒善嘯者，此乃王母之使，金方白虎之神，非王母之真形也。」

假使我們留心檢討一下，便不能不佩服他的高明主意，《國語‧晉語》二：

虢公夢在廟，有神人面白毛虎爪執鉞立於西阿，公懼而走，神曰：「無走！」帝命曰：「使晉襲於虎門。」公拜稽首，覺，召史嚚占之，對曰：「如君之言，則蓐收也，天之刑神也，天事官成。」公使囚之，且使國人賀夢。

所謂「天之刑神」，即是《山海經‧西山經》：「司天之厲及五殘。」所謂「有神人面白毛虎爪執鉞」和「如人豹尾虎齒戴勝」

或「有神人爾身有文白尾」也沒有多大的不同，因此他在後文就於不知不覺中插入：

又數年，王母遣使白虎之神，乘白虎集帝之庭，授以地圖。(《說郛》一〇三；漢・桓〈西王母傳〉；《道藏・洞神部・譜錄類》；唐・杜光庭《墉城集仙錄》金母元君)

這一段，把西王母的原來形象移交給其使者，於是西王母的女性的美麗便輕輕地永遠和《山海經》分家了。

(七) 西王母的裝飾

西王母的裝飾品，也跟著她的性別和外貌的衍變而變遷，在《山海經》中她的裝飾很簡單粗陋，〈西山經〉說：

其狀如人，豹尾虎齒而善嘯，蓬髮戴勝。

〈海內北經〉說是：

西王母梯幾而戴勝。

〈大荒西經〉也說：

有人戴勝虎齒豹尾穴處，名曰西王母。

把上面的描寫綜合起來，是：

1. 戴勝；
2. 蓬髮；

3. 豹尾；

4. 虎齒；

5. 梯幾；

6. 穴處。

關於 3.4.5.6 以後另有專文討論，此地所要說的是戴勝和蓬髮。在較早的作品中，司馬相如〈大人賦〉：

皬然白首戴勝而穴處。

還保留著原來的意味，所不同的是使它老年化：「皬然白首」四字的形容。〈帝王世紀〉：

崑崙之北，玉山之神，人身虎面，豹尾蓬頭。

把「如人」衍成「人身」，「虎齒」衍成「虎面」，〈列仙傳〉：

王母者神人也，人面蓬頭髮，虎牙豹尾，善嘯，穴居，名西王母。

王母又回覆到「人面」了，〈軒轅黃帝傳〉採《大人賦》之說：

虎首豹尾，蓬頭戴勝，顗然白首，善嘯，石城金臺而穴居。

於是「人面」又變成「虎頭」了，所謂「勝」到底是什麼東西呢？勝即鳶。《禮記》：

季春之月鳴鳩拂其羽戴勝降於桑。

注謂織紝。之鳥案《爾雅》作戴鵀，陸機《詩疏》：

戴，即首上勝也，頭上尾起，故曰戴勝。

勝是鳥頭上的，西王母戴勝，不過是頭上長了一隻介於獸和禽之間的生物而已。在鳥頭上是一件最美的裝飾品，後人取其意為簪，《後漢書‧輿服志》：

簪以玳瑁為擿長一尺，端為華勝。

又有金勝，含有神祕的意義，《宋書‧符瑞志》：

金勝，國平盜賊，四夷賓服則出。

晉穆帝永和元年二月，春穀民得金勝一枚，長五寸，狀如織勝。

有玉勝，《南史‧齊高帝劉皇后傳》：

后母桓氏夢吞玉勝生后。

也是女人的裝飾品，劉孝威〈賦得香出衣詩〉：

香纓麝帶縫金縷，瓊花五勝綴珠徽。

《藝文類聚》四，引賈充《典戒》：「人日造華勝相遺，象瑞圖金勝之形，又像西王母戴勝也。」《荊楚歲時記》據此者以為：「起華勝，起於晉賈充。」到了西王母的故事滲入了神仙家方士家氣味以後，西王母已女道士化，所以《真誥》就說：

女真己笄者亦戴冠，唯西王母首戴玉勝。

《太平御覽》卷六七八，引《集仙錄》：

第二章　西王母傳說

西王母居崑崙墉臺,別治白玉龜山,青琳之宮,朱紫之房,首戴華勝,腰佩虎章,葆蓋沓映,羽旌蔭庭。

〈道學傳〉的形容就較複雜了,他認為:「西王母結大華之髻,戴太真晨嬰之冠,履元瓊鳳文之舄。」不但不蓬髮而且有髻,有冠,不但沒有豹尾而且穿舄。《博物誌,史補》別出心裁:

王母乘紫雲車而至於殿西南面,東向,頭上戴七種青氣,鬱鬱如雲,有三青鳥如烏大,使侍母旁。

新鮮是比較新鮮,可惜缺少根據,以致不為其他作家所採用,《尚書帝驗期》寫她:

王母……駕九色班龍,帶天真之策,佩金剛靈璽,黃錦之服,金光奕奕,結飛雲文綬,帶太真晨纓之冠,躡方瓊鳳文之履。

在冠履之外,又有策、璽、錦服、文綬,很配做一個女仙領袖了。

〈漢武帝內傳〉:

王母上殿東向坐,著黃金裕,文采鮮明,光儀淑穆。帶靈飛大綬,腰佩分景之劍,頭上泰華髻,戴太真晨嬰之冠,履元璃鳳文之舄。

又多上黃金裕,分景之劍。《說郛‧西王母傳》把一切東西都裝了進去:

王母乘紫雲之輦,駕九色班麟,帶天真之策,佩金剛靈

璽，黃錦之服，文采鮮明，金光奕奕。腰分景之劍，結飛雲大綬，頭上大華髻，戴太真晨嬰之冠，躡方瓊鳳文之履。

西王母的裝飾，這才算是到了盡善盡美的地步，永遠不用再挖空心思去替她打扮了。

〈拾遺記〉寫西王母，卻又另外有一種排場，專從起居侍從飲食上下功夫：

> 西王母乘翠鳳之輦而來，前導以文虎文豹，後列雕麟紫麀，曳丹玉之履，敷碧蒲之席，黃莚之薦，共玉帳高會。

都太富麗堂皇了，如果和唐人小說中所敘述的張麗華、楊貴妃一比較，除去非人間的事物和標題，我們可以說，根本無法分清誰是張麗華？誰是楊貴妃？誰是西王母？

二、西王母與牛郎織女的故事

西王母與東王公所指示的含義漸漸具體化，成為另一有名的故事，這故事可以分成兩部分敘述，一部分是無聊的道士或文人把他倆拉來作為兩個神仙的領袖——男仙和女仙的統治者的神話。另一部分則繼承著原來的意義，美麗而又感傷地使之成為一有詩意的故事，由這故事又衍變成為牛郎織女的悲劇的傳說。

東王公的故事，散見於下列各書：

第二章 西王母傳說

《神異經・東荒經》：東荒山中有大石室，東王公居焉。長一丈，頭髮皓白，人形鳥面而虎尾，戴一黑熊，左右顧望，恆與一玉女投壺，每投千二百矯，設有入不出者天為之噓，矯出而脫誤不出者天為之笑。

〈海內十洲記〉：扶桑在東海之東岸……在碧海之中，地方萬里，上有太帝宮，太真東王父所治處。

〈中州記〉（《太平御覽》九五五引）：扶桑在碧海中，上有天帝宮，東王公所植有椹樹長數千丈，一千圍，兩兩同根更相依倚，故曰扶桑。仙人食椹，體作金色，其樹雖大，椹如中夏桑椹也。稀而色赤，九千歲一生實，味甘香。

《酉陽雜俎》十四〈諾皋記〉：東王公諱倪字君明，天下未有人民時，秩二萬六千石，佩雜色綬，綬長六丈，從女九千，以丁亥日死。

《老君枕中經》：東王父姓無為字君解。

在以上的五條，可以看出東王公個體的衍變。在最初東王公的意義就等於不可知而又有意識的天──天以他的喜慍為笑。髮白人形鳥面虎尾戴態，這形態顯然是蛻源於《山海經》中的西王母，到了第二期東王公已成為處東海太帝或天帝宮中的天帝，享樂著適意而又超人的生活，最後聰明的道士們覺得按著塵世的習俗，總該有一個名和字，該替他添上爵祿和侍從，也應該死（是否重生？未有說明）。他們便這樣照辦了。

在道教的神仙的體系中，西王母和東王公是神仙中的最高

二、西王母與牛郎織女的故事

權威者,他們的地位等於塵世的君主,或且上之。

漢·桓〈西王母傳〉:西王母者⋯⋯乃西華之至妙,洞陰之至尊。在始道炁凝結,湛體無為,將欲啟迪玄功,化生萬物,先以東華至真之氣,化而生木公焉。木公生於碧海之上,芬靈之墟,以主陽和之氣,理於東方,亦號曰東王公焉。又以西華至妙之氣,化而生金母。金母生於神州伊川,厥姓緱氏,生而飛翔,以主陰靈之氣,理於西方,亦號王母。皆挺質大無,毓神玄奧,於西方渺莽之中,分大道醇精之氣,結氣成形,與東王公共理二氣,而育養天地,陶鈞萬物矣。體柔順之本,為陰極之元,位配西方,母養群品,天上地下,三界十方,女子之登仙得道者咸所隸焉。

《列代真仙體道通鑑》後編卷二:天地之本者道也,運道之用者聖也,聖之品次,真人仙人。其有稟氣成真不修而得道者木公金母是也,蓋二氣之祖宗,陰陽之原本,仙真之主宰,造化之原先。

《丹臺新錄》:漢初有四五小兒,路上劃地戲,一兒歌曰:「著青裙,入天門,揖金母,拜木公。」時人莫知之,唯張子房知之,乃往再拜,此乃東王公之玉童也,所謂金母者西王母也,木公者東王公也。仙人拜木公,揖金母。

道士們自以為是一件了不得的光榮事,把西王母和東王公從《山海經》的半人半獸的形態中,提高到陰陽二氣的結晶物,並且把「共理二氣,育養天地」的大頭銜送給他們。其實這不過

第二章　西王母傳說

是一件還原的工作,把他們送還給生殖器崇拜時代時原有的意義而已。在另外一方面的成績,是把他們變化為更世俗的仙人君長,前者管陽性的,後者管陰性的,仍舊逃不出原始意義的範圍。道士們玩這把戲的依據是:

《吳越春秋‧勾踐陰謀外傳》:立東郊以祭陽名曰東王公,立西郊以祭陰名曰西王母。

葛洪《枕中書》(書隱叢說引):扶桑大帝東王公號曰元陽父。太真西王母是西漢夫人,在天皇地皇之前。

西王母和東王公既然如此銖兩悉稱,又且恰巧代表著陰陽兩性,按照著世俗的成見,是應該替他們結婚——也許他們本已結婚,也說不定,不過總無明文——於是就有人替他們拉攏,結合。

〈洞冥記〉:東方朔遊吉雲之地,越扶桑之東,得神馬一匹,高九尺,股裡有旋毛如日月之狀,如月者夜光,如日者晝光,毛色隨四時之變,漢朝之馬見之即垂頭振毛,一國眾獸,見皆避之。帝問東方朔此何獸也?朔曰:「昔西王母乘靈光之輦以適東王公之舍,稅此馬於芝田,及食芝草,王公怒,棄於青津之岸。臣至王公之壇,因騎而返。繞日三匝,此馬入漢關,關猶未掩,臣於馬上睡眠,不覺遂至。」帝曰:「其馬名云何?」朔曰:「因事為名則步景。」

《神異經‧中荒經》:崑崙之山有銅柱焉。其高入天,所謂天之柱也。週三千里,周圍如削,下有回屋,方百丈,仙人九

二、西王母與牛郎織女的故事

府治之。上有大鳥,名曰希有,南向張左翼覆東王公,右翼覆西王母,背上小處無羽一萬九千里,西王母歲登翼上會東王公也。……其鳥銘曰:「有鳥希有,碌赤皇皇,不鳴不食,東覆東王公,右覆西王母。王母既東,登之自通。陰陽相須,唯會益工。」

在〈洞冥記〉中的西王母和東王公的關係還不太明顯,可是兩者間的晤面,此往彼來,似乎是很密切而又很隨意的。可是在《神異經》中,卻就不同了,所謂「陰陽相須,唯會益工」的關係雖已指明,不過「歲登翼上會東王公」似乎晤面的期間又受到某種限制了。

從《神異經》所述的這一段故事,又衍變成為牛郎織女的故事,也或許牛郎織女的故事誕生更在《神異經》成書以前,《神異經》所述即受其暗示?不過無論如何,這兩個故事有相互錯綜的密切關係,前一故事由後一故事衍變而成,或反之,這是無可否認的。現在我們先來考察一下牛郎織女故事的架構過程。

《三輔故事》:漢武帝作昆池,武帝崩後,於池中養魚以給諸陵祠,餘付長安市。池有二石人,如牽牛織女像。

《三輔黃圖》卷四:關輔古語曰:「昆明池中有二石人立,牽牛織女於池之東西,以象天河。」張衡〈西京賦〉曰:「昆明靈沼,黑水元址,牽牛立其右,織女居其左。」今有石丈石婆神祠在廢地,疑此是也。

假如是可信的話,那可以說在西漢時已經有了牽牛織女的

故事,並且這故事的架構已和後來的大致相仿了。

牽牛和織女都是星名:

《夏小正》:「七月漢案戶初昏織女正東南。」

《焦林大鬥記》:「天河之東,有星微微,在氐之下,謂之織女。」

《左傳》昭十年注:「織女為處女。」

《詩‧大東》:「跂彼織女,終日七襄。」

傳云襄反也,箋云駕也,駕謂更其肆也。從旦暮七辰一移,因謂之七襄。

《大象列星圖》說:河鼓三星在牽牛北,主軍鼓,蓋天子之將軍也。中央大將軍,其南左星,左將軍也,其北右星,右將軍也,所以備關梁而拒難也。昔傳牽牛織女七月七日相見者則此是也。故《爾雅》云:「河鼓謂之牽牛。」又古歌云:「東飛伯勞西飛燕,黃姑織女時相見。」其黃姑者即此是也,為吳音轉而訛然。

織女星從旦暮七辰一移,所以後來故事便衍變成每年七月一會,《三輔黃圖》說「渭水貫都以象天河,橫橋南度,以法牽牛」。由此可知在未和西王母與東王公的故事混合以前,七夕相會是牽牛渡河。到了混合以後:「西王母歲登翼上會東王公。」便成為織女歲渡河會牽牛了。牽牛織女也都有姓名:

《春秋運斗樞》:「牽牛名累石氏。」

二、西王母與牛郎織女的故事

《星經》:「牽牛名天開。」

《佐助期》:「織女名收陰。」

織女又是帝女:

《漢書·天文志》:「河鼓大星上將,其北織女,織女天帝孫也。」

《晉書·天文志》:「織女三星,在天紀東端,天女也。」

牽牛織女是天上的一對夫婦:

曹植《七詠》注:「牽牛為夫,織女為婦,各處一旁,七月七日得一會。」

為著某種罪過,天帝罰令每年只能在規定的這一日相會一次,這罪過有幾種不同的說法。第一說是廢織:

《荊楚歲時記》:「天河之東有織女,天帝之子也。年年織杼勞役,織成雲錦天衣。天帝憐其獨處,許嫁河西牽牛郎,嫁後遂廢織紝。天帝怒,責令歸河東,使其一年一度相會。」

第二說是債務的關係:

《日緯書》:「牽牛星荊州呼為河鼓,主關梁,織女星主瓜果,嘗見《道書》云:『牽牛娶織女,取天帝錢二萬備禮,久而不還,被驅在營室。』是也。」

在這一說中天帝和牽牛並無翁婿的關係,和織女無父女的關係。第三說是由於附會:

第二章　西王母傳說

《續齊諧記》:「桂陽成武丁有仙道,常在人間,忽謂其弟曰:『七月七日織女渡河,諸仙悉還宮,吾向被詔不得停,與爾別矣。』弟問曰:『織女何事渡河?當何時還?』曰:『織女暫詣牽牛,吾後三年當還。』明日失武丁。至今云織女嫁牽牛。」

以上三種不同的解釋,都是荊楚一帶的民間傳說。在同一地點有這樣的情形發生,由此可知在其餘的地方也必有若干不同的傳說在流傳著,只是到了後來故事的形式一經凝固以後,某一傳說較占勢力成為正統。其餘不相干的便被逐漸淘汰了。二星相會的時候,是乘鵲渡河的:

《六帖鵲部》引《淮南子》:「烏鵲填河成橋渡織女。」(按今本無)

馬縞《中華古今注》:「鵲一名神女,俗云七月填河成橋。」

《歲華紀麗》引《風俗通》:「織女七夕當渡河,使鵲為橋。」

七月七日是古代一個很有意思的日子,這日子我們須記得是王子晉見於緱山的一日,是漢武帝的生日,也是西王母降漢宮的日子。在牛女的故事中便由七襄衍成七月,加入了西王母和東王公的故事以後便正式繼承為七月七日。另一方面把西王母歲登翼上會東王公的大鳥,背上小處無羽一萬九千里的希有,因襲縮小成為無數的烏鵲。由漫無規束的歲登經合併後成為嚴格的一年一度的七月七日,由其大無朋的希有衍變成鵲橋相會。這是兩個故事合併後的成績,也是牛女故事在形式上的新發展和形成。

二、西王母與牛郎織女的故事

在這一天晚上,民間舉行著一種乞巧的儀式,當作一年一度的佳節。

傅玄擬《天問》:「七月七日,牽牛織女會天河。」

《荊楚歲時記》:「七月七日為牽牛織女聚會之夕。是夕人家婦女結綵縷,穿七孔針,或以金銀石為,陳瓜果於中庭以乞巧,有喜子網於瓜上,則為符應。」

《四民月令》:「七月七日曝經書,設酒脯時果,散香粉於筵上,祈請於河鼓織女,言此二星辰當會,守夜者咸懷私願,或云天漢中有奕奕白正白氣如地河之波輝,輝有光耀五色,以此為徵應,見者便拜乞願,三年乃得。」

《西京雜記》:「漢綵女常以七月七日穿針於開襟樓,俱以習俗也。」

《輿地誌》:「齊武帝起層城觀,七月七日宮人多登之穿針,世謂之穿針樓。」

《東漢紀事‧類賦》五引:「世傳竇后少小頭禿,不為眾人所齒。七月七日夜,人皆看織女,獨不許后出,有光照室,為后之瑞。」

關於牛女相會的天河,前人也有過記載。

《博物誌》說:「舊說天河與海通,近世有居海者年年八月有浮查來甚大,往反不失期。此人乃多齎糧乘查去,忽忽不覺晝夜,奄至一處,即城郭居舍,望室中多見織婦,見一丈夫牽牛渚次飲之,驚問此人何由至此?此人即問為何處?答曰:『君

可詣蜀嚴君平。』此人還問君平。君平曰：某月某日有客星犯牛斗。即此人到天河也。」

《集林》：「昔有一人尋河源，見婦人浣紗以問之，曰：『此天河也。』乃與一石而歸，問嚴君平，云此織女支機石也。」

並且在貴族、士大夫階級一方面，這故事也是普遍被尊重著。試把這時代幾個作家關於七夕的詩擇要抄在下面一看：

〈古詩〉：迢迢牽牛星，皎皎河漢女。纖纖濯素手，札札弄機杼，終日不成章，涕淚零如雨。河漢清且淺，相去復幾許？盈盈一水間，脈脈不得語！

晉‧李克〈七月七日詩〉：朗月垂元景，洪漢截皓蒼。牽牛難牽牧，織女失空襄。河廣尚可越，怨此漢無梁。

晉‧蘇彥〈七月七日詠織女詩〉：織女思北沚，牽牛嘆南陽。時來嘉慶集，整駕巾玉箱。瓊珮垂藻蕤，霧裾結雲裳。釋駑紫微庭，解衿碧琳堂。歡宴未及究，晨暉照扶桑。悵悵一宵促，遲遲別日長。

宋‧孝武帝〈七夕詩〉：白日傾晚照，泫月升初光。炫炫葉露滴，肅肅庭風揚。瞻言媚天漢，幽期濟河梁。服箱從奔軺，紝綺闕成章。解帶遽迴軫，誰云秋夜長？愛聚雙情歡，念離兩心傷。

此外宋‧謝惠連有〈七夕詠牛女詩〉，梁‧庾肩吾有〈七夕詩〉、〈七夕賦〉、劉孝威有〈詠織女詩〉、何遜有〈七夕詩〉，北齊邢子才有〈七夕詩〉，杜甫有〈牽牛織女詩〉，李商隱有〈辛未七夕詩〉……由以上所引，我們可以知道牽牛織女的故事，在時

二、西王母與牛郎織女的故事

間上是從漢晉到南北朝以至隋唐，普遍為人所傳說。就橫的一方面說，則得到一個南北朝作品最多的數量上的統計，換句話說就是南北朝是這故事傳播最廣最普遍，在質表兩方面，這時也是最後完成的一個時代。

假如我們把中國所有歷史上的詩人的作品，把他們的題材拿來統計一下，我們可以下一個結論說：很少，甚至幾乎不可能有詩人不曾以牛女的故事為對象而描寫過。每一個人都把他自己的幽鬱和想像，冀圖在如此美麗的一個故事上發洩，寄託出他自己的內心的感情，造成更美麗更有意義的詞句來娛樂自己。因此這故事便因為各人環境和感情的不同，在文學上被表現的方式亦復衍成各個不同的面貌。但是在表面上雖然有很大的差異，而它原來的形質和意義卻絕未因此而改變，換言之，這故事的悲劇成分和陰陽性的代表意義是始終被保留著的。

現在，總結以上所敘述的，關於牛女的故事的形成的過程，依順序列表如下：

1. 最初牽牛和織女都是星名，一在天河東，一在天河西。

2. 河鼓一名牽牛，吳音訛為黃姑，是主大將軍鼓的星，織女星則主瓜果。

3. 牛女兩星，隔河相望，漢代有牽牛渡河會織女的故事，到滲入了西王母的故事的成分以後便變成織女渡河會牽牛了。

4. 由於命名的意義附會，牽牛漸漸衍變成為牧童，織女成為帝女。

5. 由牧童織女的兩性標籤，產生天帝許婚和廢織被罰的故事。

6. 由七襄限定牛女的會期在七月，由西王母七月七日降漢宮和當時對七月七日的好尚，西王母和東王公的故事在本質上大體和牛女的故事相同，因之兩者自然地結合為一，而把「西王母歲登翼上會東王公」嚴格地衍變成為一年一度的七月七日的相會。

7. 從西王母和東王公的故事中的希有，衍變成牛女故事中的鵲橋相會。

8. 在另一方面，間隔牛女的天河，又被附會成客星乘槎和支機石的故事，肯定了牛女人世化的表面職業。

由於牛女二星的運行和名義，被解釋成為牧童織女的戀愛故事，這在以上的引證，我們已經知道這故事是如何為若干年來的文人學士所愛好了。可是在另一方面，這故事也同樣為農民社會所歡迎，理由是牧童織女全是屬於他們自己的這一階級的緣故。因為如此，牛郎織女都被形成作具體化、人格化的牧童織婦，不能再和原來所繼承的東王公和西王母做形式上的調和，而永遠分離自成一獨立的故事。

在西王母這一方面，經過這一番的融會和分離以後，所留下的殘跡是容納了織女是帝女的傳說，甚至在和牛女的故事分開以後，「西王母天帝之女也」，這一痕跡依舊被永遠保留著，關於這一點我們將在另一章中做詳細的說明。

第三章

《山海經》及其體系

中國古代傳說中的人物,見於《山海經》中的有以下這些:

大皞,少昊,黃帝,帝嚳,帝堯,帝俊,帝舜,帝丹朱,禹,夏后啟(夏后開),共工,相柳,鯀,夸父,常羲,娥皇,叔均,重黎,祝融,王亥,登比,羲和,稷,顓頊,炎帝,老童,伯夷,后土,雷祖,昌意,奚仲,等等。

現在試把各人的故事,歸納起來,成為一個具體的系統。

■ 一、黃帝

a. 其中多白玉,是有玉膏,其原沸沸湯湯,黃帝是食是饗,是生玄玉,玉膏所出,以灌丹木,丹木五歲,五色乃清,五味乃馨,黃帝乃取峚山之玉榮,而投之鍾山之陽。——〈西山經〉

b. 西北海之外,赤水之西,有先民之國,食穀使四鳥。有北狄之國,黃帝之孫曰始均,始均生北狄。——〈大荒西經〉

第三章 《山海經》及其體系

c. 大荒之中，有山名曰融父山，順水入焉。有人名曰犬戎，黃帝生苗龍，苗龍生融吾，融吾生弄明，弄明生白犬，白犬有牝牡，是為犬戎，肉食，有赤獸。——〈大荒北經〉

d. 黃帝妻雷祖生昌意，昌意降處若水，生韓流。韓流擢首謹耳，人面豕喙，麟身渠股，豚止，取淖子曰阿女，生帝顓頊。——〈海內經〉

e. 東海之渚中有神人面鳥身，珥兩黃蛇，踐兩黃蛇，名曰禺虢。黃帝生禺虢，禺虢生禺京[004]，禺京處北海，禺虢處東海，是唯海神。——〈大荒東經〉

f. 黃帝生駱明，駱明生白馬，白馬是為鯀。——〈海內經〉

g. 有人衣青衣名曰黃帝女魃，蚩尤作兵伐黃帝，黃帝乃令應龍攻之冀州之野，應龍畜水，蚩尤請風伯雨師縱大風雨，黃帝乃下天女曰魃，雨止，遂殺蚩尤，魃不得覆上，所居不雨。叔均言之帝，後置之赤水之北，叔均乃為田祖，魃時亡之，所欲逐之者令曰神北行，先除水道，決通溝瀆。——〈大荒北經〉

黃帝是一個神，他所饗所食的是玉膏丹木，他也有妻有子有孫。他的子孫有的是海神，有的是國王，有的是類似人的畜類，他曾與蚩尤戰，部將是一條應龍和一位天上降下來的女神魃。

把黃帝的家系排列成表如下：

---

[004] 禺京即禺彊，古代京彊音同。〈海外北經〉：「北方禺彊人面鳥身。珥兩青蛇，踐兩青蛇。」正與禺虢形狀絲毫無異。

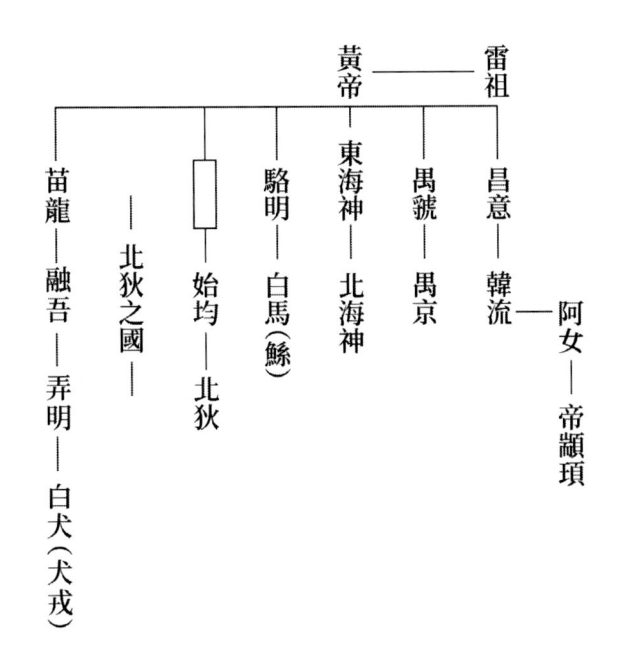

```
黃帝 ── 雷祖
         ├── 昌意 ── 韓流 ── 阿女 ── 帝顓頊
         ├── 禺虢 ── 禺京
         ├── 東海神 ── 北海神
         ├── 駱明 ── 白馬(鯀)
         ├── 始均 ── 北狄
         │    └── 北狄之國
         └── 苗龍 ── 融吾 ── 弄明 ── 白犬(犬戎)
```

二、顓頊

a. 有國曰顓頊生伯服，食黍，有鼬姓之國。──〈大荒南經〉

b. 有國名曰淑士，顓頊之子。──〈大荒西經〉

c. 有榣山。其上有人號曰太子長琴。顓頊生老童[005]，老童

---

[005] 老童即耆童，〈西山經〉：「又西一百九十里曰山，其上多玉而無石，神耆童居之，其音常如鐘磬，其下多積蛇。」

生祝融[006]，祝融生太子長琴，是處榣山，始作樂風。——〈大荒西經〉

d. 顓頊生老童，老童生重及黎，帝令重獻上天，黎邛下地，下地是生噎，處於西極，以行日月星辰之行次。——〈大荒西經〉

e. 大荒之中，有山名大荒之山。日月所入，有人焉三面，是顓頊之子，三面一臂，三面之人不死，是謂大荒之野。——〈大荒西經〉

f. 有叔歜國，顓頊之子，黍食使四鳥。——〈大荒北經〉

g. 西北海外，流沙之東，有國名中，顓頊之子，食黍。——〈大荒北經〉

h. 西北海外，黑水之北，有人有翼，名曰苗民。顓頊生頭，頭生苗民，苗民釐姓，食肉。——〈大荒北經〉

i. 又有成山，甘水窮焉。有季禺之國，顓頊之子，食黍。——〈大荒南經〉

j. 有魚偏枯名曰魚婦，顓頊死即復甦，風道北來，天乃大水泉，蛇乃化為魚，是為魚婦，顓頊死即復甦。——〈大荒西經〉

k. 有池名孟翼之攻顓頊之池。——〈大荒西經〉

l. 東北海之外，大荒之中，河水之間，附禺之山，帝顓頊與九嬪葬焉。丘西有沉淵，顓頊所浴。——〈大荒北經〉

---

[006] 祝融有二，一為炎帝之後，另見〈海外南經〉：「南方祝融獸身人面乘兩龍。」

二、顓頊

m. 務隅之山，顓頊葬於陽，九嬪葬於陰。——〈海外北經〉

n. 漢水出鮒魚之山，帝顓頊葬於陽，九嬪葬於陰，四蛇衛之。——〈海內東經〉

以上我們看不出顓頊有什麼事蹟，只是他的兒子很多。據 j 拿顓頊與魚婦並列，「顓頊死即復甦」，似乎顓頊是一個水族動物。l、m、n 三條中之九嬪，處處與顓頊並列，當是顓頊的妻子，也許是九個妃嬪？也許是一人而名叫九嬪？葬地一會在東北海之外，一會在漢水，可見《山海經》的作者絕不止一人，也絕不是在同一時代內所完成的作品。三篇中「附禺」、「務隅」、「鮒魚」，均同音，又皆以顓頊與九嬪，陰與陽對舉，可見這三篇的作者雖不同，來源卻是同一的。

把顓頊的家系列表如下：

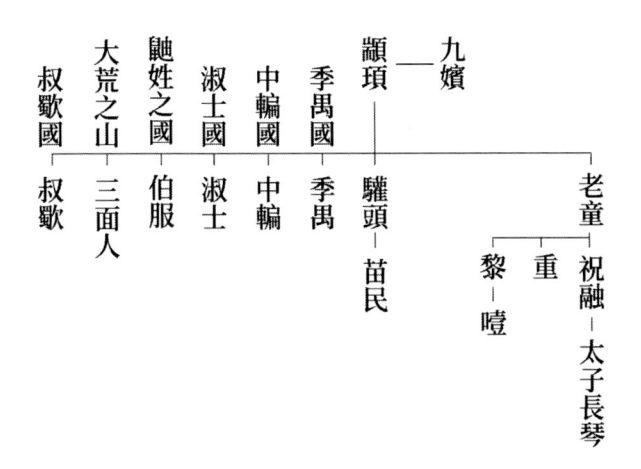

```
                  顓頊 ── 九嬪
                   │
  ┌────┬────┬────┬────┬─────────────┐
 叔歜國 大荒之山 駰姓之國 淑士國 中䰟國 季禺國              │
  │    │    │    │   │   │                       │
 叔歜  三面人 伯服  淑士  中䰟 季禺 驩頭              老童
                              │              ┌──┼──┐
                             苗民            祝融 重 黎
                                              │     │
                                            太子長琴  噎
```

第三章　《山海經》及其體系

■ 三、帝俊

帝俊即帝舜，俊龜甲文作夋，《山海經》中帝舜與帝俊雜用，俊與舜同音。

1.〈大荒南經〉：「大荒之中有不庭之山，榮水窮焉，有人三身，帝俊妻娥皇生此三身之國，姚姓……南旁名曰從淵，舜之所浴也。」

上文稱帝俊而下文稱舜。

2.〈大荒南經〉：「有蒼梧之野，舜與叔均所葬也。」

〈大荒西經〉：「帝俊生后稷……后稷之弟曰台璽生叔均。」可知帝俊之與帝舜之同為一人，毫無疑義。

帝俊的事蹟可匯舉如下：

A. 帝俊的妻女

a. 舜妻登比氏生宵明燭光，處河大澤，二女之靈，能照此所方百里，一曰登北氏。——〈海內北經〉

b. 大荒之中，有不庭之山，榮水窮焉。有人三身，帝俊妻娥皇生此三身之國，姚姓，黍食，使四鳥，有淵四方，四隅皆達，北屬黑水，南屬大荒，北旁名曰少和之淵，南旁名曰從淵，舜之所浴也。——〈大荒南經〉

c. 東南海之外，甘水之間，有羲和之國，有女子名曰羲和，方日浴於甘淵，羲和者帝俊之妻，生十日。——〈大荒南經〉

d. 有女子方浴月，帝俊妻常羲，生月十有二，此始浴之。——〈大荒西經〉

登比氏或登北氏，羲和，常羲，娥皇，看去似乎是不同的四個人，其實只是兩個人。〈大荒西經〉中之常羲即〈大荒南經〉中之羲和，此觀二篇所舉「方浴日」情事相同，常羲與羲和之羲字相同可知，由常羲衍為羲和。由羲和復衍為〈大荒南經〉之娥皇。和娥同音，古人名原無定字，由古老傳說及地方神話再間接成為文字的記載，每每容易將一名衍為數名，或數名合成一人。此地帝俊的妻子，在數量上實在只有登比氏和常羲二人。

B. 帝俊的子孫

a. 帝俊生禺號，禺號生淫梁，淫梁生番禺，是始為丹，番禺生奚仲，奚仲生吉光，吉光是始以木為車。——〈海內經〉

b. 帝俊生晏龍，晏龍是為琴瑟。帝俊有子八人，是始為歌舞。帝俊生三身，三身生義均，義均是始為巧倕[007]。是始作下民百巧，后稷是播百穀，稷之孫曰叔均，是始作牛耕，大比赤陰，是始為國，禹鯀是始布土，均定九州。——〈海內經〉

c. 大荒之中有山名曰合虛，日月所出，有中容之國。帝俊生中容，中容人食獸木實，使四鳥，豹虎熊羆。——〈大荒東經〉

d. 東荒之中，有山名曰壑明俊疾，日月所出，有中容之國。——〈大荒東經〉

---

[007] 〈海內經〉：「又有不距之山，巧倕葬其西。」

e. 有司幽之國，帝俊生晏龍，晏龍生司幽，司幽生思士，不妻，思女不夫，食黍食獸，是使四鳥。——〈大荒東經〉

f. 有白民之國，帝俊生帝鴻，帝鴻生白民，白民銷姓，黍食，使四鳥，虎豹熊羆。——〈大荒東經〉

g. 有黑齒之國，帝俊生黑齒，姜姓，黍食，使四鳥。——〈大荒東經〉

h. 有困民國，勾姓，而食，有人曰王亥，兩食操鳥，方食其頭。王亥託於有易河伯僕牛，有易殺王亥取僕牛，河念有易，有易潛出，為國於獸方食之，名曰搖民；帝舜生戲，戲生搖民。——〈大荒東經〉

i. 有襄山，又有重陰之山，有人食獸曰季釐，帝俊生季釐，故曰季釐之國。——〈大荒甫經〉

j. 有载民之國，帝舜生無淫，無淫降载處，是謂巫载民，巫载民盼姓，食穀，不績不經服也，不稼不穡食也，爰有歌舞之鳥。鸞鳥自歌，鳳鳥自舞，爰有百獸，相群爰處，百穀所聚。——〈大荒南經〉

k. 有西周之國，姬姓，食穀，有人方耕名曰叔均。帝俊生后稷，稷降以百穀，稷之弟曰台璽，生叔均，叔均是代其父及稷播百穀[008]，始作耕，有赤國，妻氏有雙山。——〈大荒西經〉

---

[008] 〈大荒北經〉：「叔均乃為田祖。」

C. 葬地及其他

a. 兕在舜葬東,湘水南,其狀如牛,蒼黑一角。——〈海內南經〉

b. 蒼梧之山,帝舜葬於陽,帝丹朱葬於陰。——〈海內南經〉

c. 氾林三百里,在狌狌東。狌狌知人名,其為獸如豕而人面,在舜葬西。——〈海內南經〉

d. 湘水出舜葬東南陬,西環之入洞庭下,一曰東南西澤。——〈海內東經〉

e. 有阿山者,南海之中,有氾天之山,赤水窮焉。赤水之東有蒼梧之野,舜與叔均之所葬也。爰有文貝離俞久鷹賈委維熊羆象虎豹狼視肉,有榮山,榮水出焉,黑水之南,有玄蛇食麈。——〈大荒南經〉

f. 南方蒼梧之丘,蒼梧之淵,其中有九嶷山,舜之所葬在長沙零陵界中。——〈海內經〉

g. 有五采之鳥,相鄉棄沙,唯帝俊下友,帝下兩壇,採鳥是司。——〈大荒東經〉

h. 有緡淵……有水四方,名曰俊壇。——〈大荒南經〉

i. 丘方圓三百里,丘南帝俊竹林在焉。——〈大荒北經〉

以上 be 兩條是衝突的。b 條說帝舜與帝丹朱同葬,e 條說與叔均同葬,這可見這兩篇的作者的各不相謀,而絕不是出於

第三章　《山海經》及其體系

同一人的手筆。f 條竟說到九嶷山、長沙、零陵這些周秦以後的地方名詞，使我們知道至少這一篇〈海內經〉是成於戰國或漢初人之手。g 條說帝俊下友五采之鳥，似乎帝俊的本身有羽族之可能。

以下把帝俊的家系列成一表：

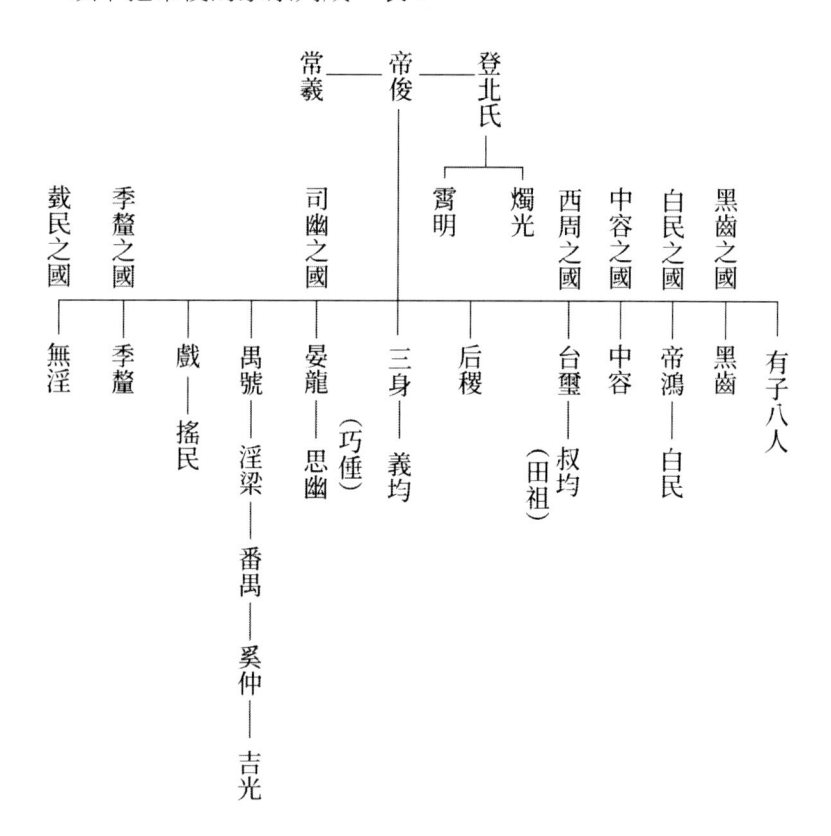

```
                    ┌─ 登北氏 ─┬─ 霄明
                    │          └─ 燭光
           帝俊 ────┤
                    │          ┌─ 有子八人
                    │          ├─ 黑齒之國 ── 黑齒
                    │          ├─ 白民之國 ── 白民
                    │          ├─ 帝鴻
                    │          ├─ 中容之國 ── 中容
                    │          ├─ 西周之國 ── 后稷
                    │          ├─ 台璽 ── 叔均（田祖）
                    │          ├─ 三身 ── 義均
                    │          ├─ 司幽之國 ── 晏龍 ── 思幽（巧倕）
                    │          ├─ 禺號 ── 淫梁 ── 番禺 ── 奚仲 ── 吉光
                    │          ├─ 戲 ── 搖民
                    │          ├─ 季釐之國 ── 季釐
                    └─ 常羲    └─ 載民之國 ── 無淫
```

100

四、大皞

a. 有木青葉紫莖，玄華黃實，名曰建木，百仞無枝，有九欘，下有九枸，其實如麻，其葉如芒，大皞爰過，黃帝所為，有窫窳龍首食人。——〈海內經〉

b. 西南有巴國，大皞生咸鳥，咸鳥生乘釐，乘釐生後照，後照是始為巴人。——〈海內經〉

五、少昊

a. 又西二百里曰長留之山，其神白帝少昊居之。其獸皆文尾，其鳥皆文首，是多文玉石，實唯員神磈氏之宮，是神也，主司反景。——〈西山經〉

b. 有緡淵，少昊生倍伐，倍伐降處緡淵。——〈大荒南經〉

c. 有人一目當面中生，一曰是威姓，少昊之子，食黍。——〈大荒北經〉

d. 東海之外大壑，少昊之國，少昊孺帝顓頊於此，棄此琴瑟。——〈大荒東經〉

e. 少昊生般，般是始為弓矢。——〈海內經〉

〈西山經〉說白帝少昊居長留之山，〈大荒東經〉又有少昊之國。所謂五方五行五氣五帝等讖緯之說，起自戰國末期，到秦

漢而大盛,我們大可以下一個假設,說〈西山經〉是這一個時期中的作品。

據 d 條少昊對於顓頊有師保的關係。少皞的家系,可作表如下:

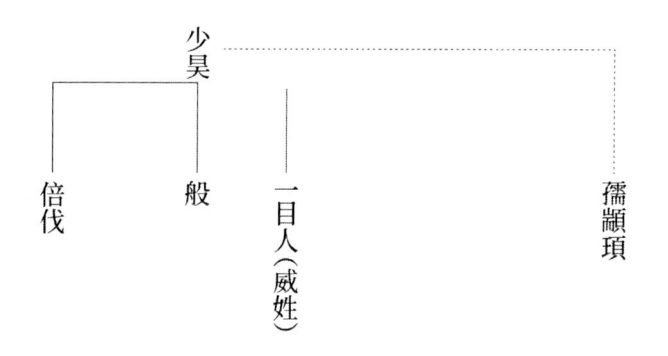

```
         少昊
    ┌─────┼──────────────┐
   倍    般    一目人      孺
   伐          (威姓)      顓
                         頊
```

六、炎帝

a. 炎帝之孫伯陵,伯陵同吳權之妻阿女緣婦,緣婦孕三年,是生鼓、延、殳,始為侯。鼓、延是始為鐘,為樂風。——〈海內經〉

b. 炎帝之妻赤水之子聽生炎居,炎居生節並,節並生戲器,戲器生祝融,祝融降處於江水,生共工,(a) 共工生術器,術器首方顛……共工生后土;(b) 后土生噎鳴,噎鳴生歲十有二。——〈海內經〉

c. 有互人之國,炎帝之孫名曰靈恝,靈恝生互人,是能上下於天。——〈大荒西經〉

d. 又北二百里曰發鳩之山,其上多柘木,有鳥焉,其狀如烏,文首白喙赤足,名曰精衛,其名自。是炎帝之少女名曰女娃,女娃遊於東海,溺而不返,故為精衛,常銜西山之木石,以堙於東海。——〈北山經〉

(a) 共工之臣名曰相繇,九首蛇身自環,食於九土,其所歍所尼,即為源澤,不辛乃苦,百獸莫能處。禹堙洪水,殺相繇,其血腥臭,不可生穀,其地多水,不可居也,禹堙之,三仞三沮,乃以為池,群帝因是以為臺,在崑崙之北。——〈大荒北經〉

有係昆之山者有共工之臺,射者不敢北向。—— 同上

共工之臣曰相柳氏,九首以食於九山。相柳之所抵,厥為澤溪,禹殺相柳,其血腥不可以樹五穀種,禹厥之,三仞三沮,乃以為眾帝之臺,在崑崙之北,柔利之東。相柳者九首人面蛇身而青,不敢北射,畏共工之臺。——〈海外北經〉

(b) 大荒之中,有山名曰成都載天。有人珥兩黃蛇,把兩黃蛇,名曰夸父[009]。后土生信,信生夸父,夸父不量力,欲追日景,逮之於禺谷,將飲河而不足也。將走大澤,未至死於此。——〈大荒北經〉

---

[009] 夸父有兩,一為應龍所殺。〈大荒北經〉:「應龍已殺蚩尤,又殺夸父,乃去南方處之。故南方多雨。」

關於夸父,有下列這些傳說:

a. 夸父與日逐走入日,渴欲得飲,飲於河渭,河渭不足,北飲大澤,未至道渴而死,棄其杖化為鄧林。──〈海外北經〉

b. 又西九十里曰夸父之山……其北有林焉,名曰鄧林。──〈中山經〉

c. 其獸焉其狀如夸父而彘毛。──〈東山經〉

逐日同飲於河渭,這不過是古代人對於大自然的神祕所生出的一種幻想。c條有獸狀如夸父而彘毛,不說夸父狀如獸,而說獸狀如夸父,這可見夸父不但是一位非人的畜類,而且是被用為獸類中的標準典型。

共工的臣子相繇是九首蛇身的,那共工的形狀至少也不如普通人一樣的圓顱方踵。后土的孫子夸父是一位高等畜類。炎帝的女兒死後變鳥。曾孫互人,能夠上下於天。由這事實推上去,按照進化的公例,炎帝為一種原始的低等動物,實為不可否認的事實。

炎帝的家系,可排列成表如下:

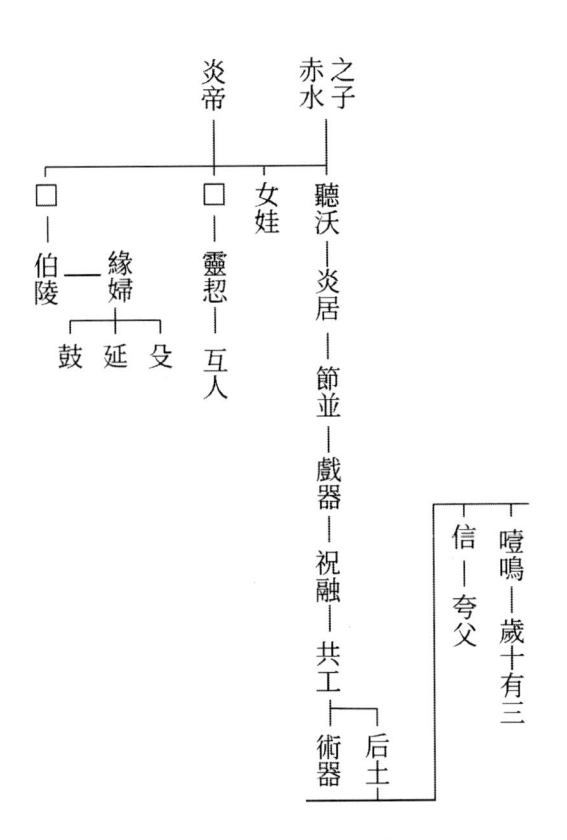

```
                    赤 之
                    水 子
                炎   |
                帝   |
                |   |
    ┌───────┬───┤   |
    □       □  女   |
    |       |  娃   |
  ┌─┤     靈─┤      聽沃 ─ 炎居 ─ 節並 ─ 戲器 ─ 祝融 ─ 共工 ─┬─ 術器
  緣 伯    忍 |                                              |
  婦 陵       互                                              |
  |           人                                            后土
┌─┼─┐                                                        |
鼓 延 殳                                               信 ─ 夸父
                                                       |
                                                   噎鳴 ─ 歲十有三
```

七、鯀與禹

a. 禹鯀是始布土，均定九州。──〈海內經〉

b. 洪水滔天，鯀竊帝之息壤，以堙洪水，不待帝命，帝令祝融殺鯀於羽郊。鯀復生禹，帝乃命禹布土以定九州。──〈海內經〉

第三章 《山海經》及其體系

c. 有榆山,有鯀攻程州之山。──〈大荒北經〉

d. 又東十里曰青要之山,實縱帝之密都,是多駕鳥,南望墠,禹父之所化,是多僕纍蒲盧,䰷武羅司之。──〈中山經〉

e. 大荒之中,有人名曰顒。鯀妻士敬,士敬子曰炎融,生顒,顒人面鳥喙,有翼,食海中魚,杖翼而行,維宜芑苣穋楊是食,有顒之國。──〈大荒南經〉

f. 有毛民之國,依姓,食黍,使四鳥。禹生均國,均國生役採,役採生脩鞈,脩鞈殺綽人,帝念之潛為之國,是此毛民。──〈大荒北經〉

g. 禹所積石之山在其東,河水所入。──〈海外北經〉

h. 禹堙洪水,殺相繇。其血腥臭不可生穀,其地多水,不可居也。禹堙之,三仞三沮,乃以為池,群帝因是以為臺,在崑崙之北。──〈大荒北經〉

i. 禹殺相柳,其血腥不可以樹五穀種,禹厥之,三仞三沮乃以為眾帝之臺,在崑崙之北,柔利之東。──〈海外北經〉

j. 水西有湮山,東有幕山,有禹攻共工國山。──〈大荒西經〉

k. 大荒之中,有山名曰先檻大逢之山,河濟所入,海北注焉。其西有山,名曰禹所積石。──〈大荒北經〉

l. 一曰禹令豎亥步自東極於至西極。──〈海外東經〉把以上的事蹟,簡括地總計一下:

七、鯀與禹

(a) 禹為鯀子。鯀偷了帝的息壤來堙洪水，這舉動事先沒有得帝的許可，帝就差祝融把他殺於羽郊，後來化為異物，鯀死以後，帝才命禹布土，定九州。

(b) 禹、鯀同受命布土定九州。

(c) 鯀曾攻程州。

(d) 禹曾攻共工。

(e) 禹堙洪水，殺相繇（相柳）。

(f) 禹令豎亥步東西極。

鯀、禹的家系，可列表如下：

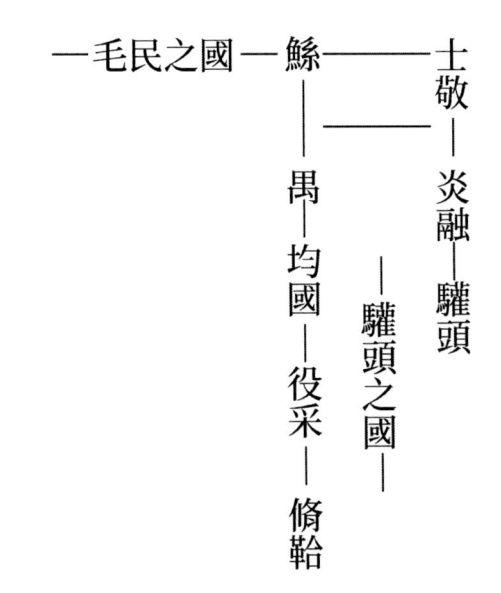

```
─毛民之國─鯀───士敬
          │      │炎融─驩頭
          │            │
          │      ─驩頭之國─
          │
          └禹─均國─役采─脩鞈
```

八、夏后啟

a. 西南海之外，赤水之南，流沙之西，有人珥兩青蛇，乘兩龍，名曰夏后開。開上三嬪於天，得九辯與九歌以下此天穆之野，高二千仞，開焉得始歌九招。——〈大荒西經〉

b. 大樂之野，夏后啟於此舞九代，乘兩龍，雲蓋三層，左手操翳，右手操環，佩玉璜，在大運山北，一曰大遺之野。——〈海外西經〉

c. 三身國在夏后啟北，一首而三身。——同上

d. 夏后啟之臣曰孟塗，是司神於巴人，請訟於孟塗之所，其衣有血者乃執之，是請生，居山上，在丹山西。——〈海內南經〉

夏后啟的形狀與動作的描寫，已經很清楚地告訴我們他是一個神，這左手操環，左手操翳，珥兩青蛇，乘兩龍的敘述，很適合拿來形容佛教寺宇內第一道門位置的四大金剛，或是四大天王，《封神榜》中的魔家四將。這四大天王中有拿傘（翳）的，有拿蛇的，有拿環的。這兩者的關係，或是由夏后啟而衍為四大天王，或由佛教而影響及夏后啟或〈海外西經〉的作者，都是可能的。

夏后啟既然是一個神，當然他的臣子孟塗，也可司神於巴人了。

九、伯夷及南嶽

a. 伯夷父生西嶽,西嶽生先龍,先龍是始生氐羌,氐羌乞姓。——〈海內經〉

b. 有壽麻之國,南嶽娶州山女名曰女虔。女虔生季格,季格生壽麻,壽麻正立無景,疾呼無響,爰有大暑,不可以往。——〈大荒西經〉

伯夷父是西方民族氐羌的祖先,南嶽是南方熱帶國家或民族的祖先。

十、羿的故事

a. 有人曰鑿齒,羿殺之。——〈大荒南經〉

b. 崑崙虛在其東,虛四方,一曰在岐舌東,為虛四方,羿與鑿齒戰於壽華之野,羿射殺之,在崑崙虛東。羿持弓矢,鑿齒持盾,一曰戈。——〈海外南經〉

c. 帝俊賜羿彤弓素矰,以扶下國,羿於是始去恤下地之百艱。——〈海內經〉

羿用矢射殺鑿齒於壽華之野,帝俊賜他彤弓素矰,以扶下國。據 c 條看,羿的地位似乎和春秋時代的齊桓晉文相仿,或稍過之。

第三章 《山海經》及其體系

十一、稷

　　a. 帝俊生后稷，稷降以百穀。稷之弟曰台璽，生叔均。叔均是代其父及稷播百穀，始作耕。──〈大荒西經〉

　　b. 帝俊生晏龍……后稷是播百穀，稷之孫曰叔均，始作牛耕。──〈海內經〉

　　c. 南望崑崙，其光熊熊，其氣魂魂。西望大澤，后稷所潛也；其中多玉，其陰多搖木之有若，北望諸，槐鬼離侖居之。鷹鸇之所宅也，東望恆山四成，有窮鬼居之，各在一搏。──〈西山經〉

　　d. 又西北四百二十里曰崦土，其上多丹木，員葉而赤莖，黃華而赤實，其味如飴，食之不飢，丹水出焉，西流注於稷澤。──〈西山經〉

　　e. 又西三百七十里曰樂遊之山，桃水出焉，西流注於稷澤。──〈西山經〉

　　f. 后稷之葬，山水環之，在氐國西。──〈海內西經〉

　　g. 流黃酆氏之國中方三百里，有塗四方，中有山，在后稷葬西。──〈海內西經〉

　　h. 西南黑水之間，有都廣之野，后稷葬焉。爰有膏菽膏稻膏黍膏稷，百穀自生，冬夏播琴，鸞鳥自歌，鳳鳥自舞，靈壽實華，草木所聚，爰有百獸，相群爰處，此草也，冬夏不死。──〈海內經〉

后稷、台璽、叔均父子叔姪三人，世為田祖，真可稱為農家！據〈大荒北經〉，叔均上獲事黃帝，下及方耕西周，這也是個滑稽的事情。據 c 條后稷潛於大澤，拿來和他對舉的是槐鬼離侖，鷹䳇，窮鬼。則后稷之本身或為一巨大之水族動物，或近於鬼神的非生物？

十二、帝，女媧，堯與湯及其他

a. 帝

又東二百里曰姑媱之山，帝女死焉，其名曰女屍，化為䔄草，其葉胥成，其華黃，其實如菟丘，服之媚於人。——〈中山經〉又西北四百二十里曰鐘山，其子曰鼓，其狀如人面而龍身。是與欽殺葆江於崑崙之陽，帝乃戮之鐘山之東曰崖。欽化為大鶚，其狀如而黑文白首，赤喙而虎爪，其音如晨鵠，見則有大兵。鼓亦化為鳥，其狀如鴟，赤足而直喙，黃文而白首，其音如鵠，見則其邑大旱。——〈西山經〉

帝令豎亥步，自東極至於西極，五億十選九千八百步，豎亥右手把算，左手指青丘北。——〈海外東經〉

貳負之臣曰危，危與貳負殺窫窳，帝乃梏之疏屬之山，桎其右足，反縛兩手與髮，繫之山上木，在開題西北。——〈海內西經〉

111

第三章　《山海經》及其體系

刑天與帝至此爭神，帝斷其首，葬之常羊之山。乃以乳為目，以臍為口，操干鏚以舞。——〈海外西經〉

以上五篇中所舉的獨身的帝，很難知道這帝究竟是誰。據〈西山經〉和〈海內西經〉所載，這帝愛管閒事，並且有權力去處理他所愛管的閒事，合著〈海外西經〉刑天和他老人家爭神的神話，很明顯使我們能夠肯定這帝是上帝，是原始人所崇拜的萬能天帝。

b. 女媧

有神十人名曰女媧之腸，化為神，處慄廣之野，橫道而處。——〈大荒西經〉

c. 堯

帝堯臺帝嚳臺帝丹朱臺帝舜臺，各二臺，臺四方，在崑崙東北。——〈海內北經〉

帝堯帝嚳帝舜葬於嶽山。爰有文貝離俞久鷹延維視肉熊羆虎豹朱木赤枝青華玄實。——〈大荒南經〉

狄山帝堯葬於陽，帝嚳葬於陰，爰有熊羆文虎蜼豹離朱視肉䖝咽文王皆葬其所。一曰湯山，一曰爰有熊羆文虎雌豹離朱久視肉虖交，其範林方三百里。——〈海外南經〉

丘爰有遺玉，青馬視肉楊柳甘柤甘華百果所生，在東海，兩山夾丘，上有樹木，一曰嗟丘，一曰百果所在，在堯葬東。——〈海外東經〉

帝舜在〈大荒南經〉中又多了一個葬的地方。此地帝堯帝丹朱帝嚳三位古帝，除了葬地和紀念物以外，絲毫沒有什麼事蹟告訴我們，可見這三位在《山海經》中的地位是無關緊要的，也許是東西漢間一班專門作假的學者如劉向輩所故意羼入，來證明堯的存在性？如就本文而論，〈大荒南經〉和〈海外南經〉所說同伴的或同葬的都是一些扁毛四足的飛禽走獸，物以類推，帝堯帝嚳的本來形象是什麼？我想也毋庸多事，把它說明了。

d. 湯

有人無首操戈盾立，名曰夏耕之屍，故成湯伐夏桀於章山，克之，斬耕厥前，耕既立無首，走厥咎，乃降於巫山。——〈大荒西經〉

十三、蚩尤，昆吾，窮奇，夔，窫窳及其他

a. 蚩尤

蚩尤作兵伐黃帝，黃帝乃令應龍攻之冀州之野，應龍畜水，蚩尤請風伯雨師縱大風雨，黃帝乃下天女曰魃，雨止，遂殺蚩尤。——〈大荒北經〉

大荒東北隅中，有山名曰凶犁土丘，應龍處南極殺蚩尤與夸父，不得覆上，故下數旱，旱而為應龍之狀，乃得大雨。——〈大荒東經〉

b. 昆吾

大荒之中有龍山，日月所入，有三澤水名曰三淖，昆吾之所食也。——〈大荒西經〉

白水出焉，而生白淵，昆吾之師所浴也。——〈大荒南經〉

c. 窮奇

窮奇狀如虎有翼，食人從首始，所食被髮。——〈海內北經〉

又西二百六十里曰邽山，其上有獸焉，其狀如牛蝟毛，名曰窮奇，音如獆犬，是食人。——〈西山經〉

d. 夔

東海中有流波山，入海七千里。其上有獸狀如牛，蒼身而無角，一足出入水則必風雨，其光如日月，其聲如雷，其名曰夔；黃帝得之，以其皮為鼓，橛以雷獸之骨，聲聞五百里，以威天下。——〈大荒東經〉

e. 窫窳

又北二百里曰少咸之山，無草木，多青碧。有獸焉，其狀如牛而赤身人面馬足，名曰窫窳。其音如嬰兒，是食人。——〈北山經〉

窫窳龍首，居弱水中，在狌狌知人名之西，其狀如龍首，食人。——〈海內南經〉

窫窳者蛇身人面，貳負臣所殺也。——〈海內西經〉

十三、蚩尤,昆吾,窮奇,夔,窫窳及其他

貳負之臣曰危,危與貳負殺窫窳,帝乃梏之疏屬之山,桎其右足,反縛兩手與髮,繫之山上木,在開題西北。——〈海內西經〉

f. 帝江

有神焉,其狀如黃囊,赤如丹火,六足四翼,渾敦無面目,是識歌舞,實為帝江也。——〈西山經〉

g. 九丘

有九丘,以水絡之,名曰陶唐之丘,有叔得之丘,孟盈之丘,昆吾之丘,黑白之丘,赤望之丘,參衛之丘,武夫之丘,神民之丘。——〈海內經〉

根據以上所錄,作「山海經中古代大事表」、「山海經中古史人物表」、「山海經中古史系統表」、「山海經中諸國表」如後:

表一　「山海經中古代大事表」

黃帝	令應龍魃殺蚩尤
	得夔以其皮為鼓
	叔均為田祖
顓頊	孟翼之攻顓頊
	太子長琴始作樂風
帝俊	番禺始為舟
	吉光始為車
	晏龍始為琴瑟

第三章　《山海經》及其體系

	有子八人始為歌舞
	義均始為巧倕
	后稷始播百穀
	叔均始作牛耕
	禹鯀是始播土，均定九州
少昊 ——	孺帝顓頊於少昊之國
	般始為弓矢
炎帝 ——	鼓延是始為鍾，為樂風
鯀 ——	鯀攻程州
	竊帝之息壤以堙洪水，帝令祝融殺之於羽郊，化為異物
禹 ——	禹攻共工
	帝令禹布土定九州
	令豎亥步東西極
	殺相鯀（相柳），堙洪水
夏后啟 ——	得九辯與九歌，始歌九招，舞九代
羿 ——	殺鑿齒於壽華之野
	帝俊賜羿彤弓素矰，以扶下國
帝 ——	帝令重獻上天，黎邛下地
	戮鼓與欽於崖
	斷刑天首
	令祝融殺鯀於羽郊
	令禹布土定九州
	令豎亥步東西極
	梏窫窳於疏屬之山

十三、蚩尤，昆吾，窮奇，夔，窫窳及其他

	脩鞈殺綽人，帝念之潛為之國，是此毛民
危，貳負 —— 殺窫窳	
湯 —— 伐桀	

表二　「山海經中古史人物表」

人名	形狀	事業	分國	其他
黃帝		殺蚩尤	北狄之國 犬戎軒轅 之國司彘 之國	
韓流	擢首謹耳，人面 豕喙，麟身渠 服，豚止			黃帝孫
禺䝿	人面鳥身珥兩黃 蛇踐兩黃蛇	東海神		黃帝孫
禺京	人面鳥身珥兩青 蛇踐兩青蛇	北海神		禺䝿子
女魃	衣青衣	止雨，殺蚩尤	赤水之上	自天下
應龍		殺蚩尤、夸父		自天下
叔均		為田祖，始作耕		帝俊孫
顓頊		與孟翼戰	鼬姓之國 淑士國 叔歜國 中輈國 三面人 苗民 季禺之國	

第三章 《山海經》及其體系

人名	形狀	事業	分國	其他
太子長琴		始作樂風	搖山	顓頊孫
重		上天		顓頊孫
黎		下地		顓頊孫
噎		行日月星辰之行次	西極	黎子
老童（耆童）		音常如鐘	磬山	顓頊孫
宵明燭光		二女之靈能照此方百里	處河大澤	登比氏女
娥皇	三身		三身之國	帝俊妻
羲和		方日浴於甘淵	羲和之國	帝俊妻
常羲				帝俊妻
登比氏				舜妻
帝俊		命羿彤弓素矰，命禹鯀是始播土定九州	中容之國 司幽之國 白民之國 黑齒之國 搖民國 季釐之國 裁民之國 西周之國	
番禺		始為舟		帝俊孫
吉光		始為車		帝俊孫
晏龍		始為琴瑟		帝俊子
八子		始為歌舞		帝俊子

十三、蚩尤,昆吾,窮奇,夔,窫窳及其他

人名	形狀	事業	分國	其他
義均		始為巧倕		帝俊孫
后稷		始播百穀		帝俊子
大皞				巴國
少昊		主司反景,孺帝顓頊於少昊之國	長留之山 少昊之國 一目人 緡淵	
般		始為弓矢		少昊子
炎帝			互人之國	
女娃	其狀如鳥文首白喙赤足	化為精衛	發鳩之山	炎帝少女
鼓,延		始為鍾,為樂風		炎帝孫
互人		能上下於天		炎帝孫
共工				炎帝孫
后土				炎帝孫
相繇（相柳）	九首蛇身自環,人面而青	被禹所殺	食於九土	共工臣
夸父	珥兩黃蛇,把兩黃蛇	逐日而死		后土孫
鯀	殛於羽郊,化為異物	攻程州布土定九州,竊息壤堙洪水,帝命祝融殺之	驩頭之國 青要之山	黃帝孫

第三章 《山海經》及其體系

人名	形狀	事業	分國	其他
禹		令豎亥步東西極。布土定九州，攻共工，殺相繇，堙洪水	毛民之國	鯀子
夏后啟	珥兩青蛇乘兩龍左手操翳，右手操環	上三嬪於天得九辯九歌，舞九代	赤水之南大樂之野	
孟塗		司神於巴人	在丹山西	夏后啟臣
羿		殺鑿齒於壽華之野帝俊賜以彤弓矰矢，以扶下國		帝俊臣
台璽		田祖		叔均父
女屍		化為䔄草	姑媱之山	帝女
鼓	人面龍身	殺葆江，被帝戮，化為鵔鳥	鐘山	鐘山子
欽䲹		殺葆江，被帝戮，化為大鶚		
貳負		與危殺窫窳	疏屬之山	
危		與貳負殺窫窳	疏屬之山	貳負臣
刑天		與帝爭神，被殺，乃以乳為目，以臍為口，操干鏚而舞	常羊之山	
女媧		有神十人名曰女媧之腸	慄廣之野	

十三、蚩尤，昆吾，窮奇，夔，窫窳及其他

人名	形狀	事業	分國	其他
堯			葬嶽山？狄山？	
帝嚳			葬嶽山	
帝丹			朱葬蒼梧之山	
湯		伐夏桀		
夏耕之屍	無首操戈盾立		巫山	
蚩尤		作兵伐黃帝被殺		
昆吾			龍山	
窮奇	如虎有翼，食人，其狀如牛，蝟毛，音如獆犬		邽山	
夔	狀如牛蒼身而無角，其光如日月，其聲如雷，一足出入水，則必風雨	黃帝得之以其皮為鼓，聲聞五百里	流波山	
窫窳	如牛赤身人面馬足，聲如嬰兒，食人	被貳負與危所殺	少陽之山 弱水	
帝江	龍首。狀如黃囊，赤如丹火，六足四翼，渾敦無面目	識歌舞		

121

第三章　《山海經》及其體系

表三　「山海經中古史系統表」

一、黃帝系

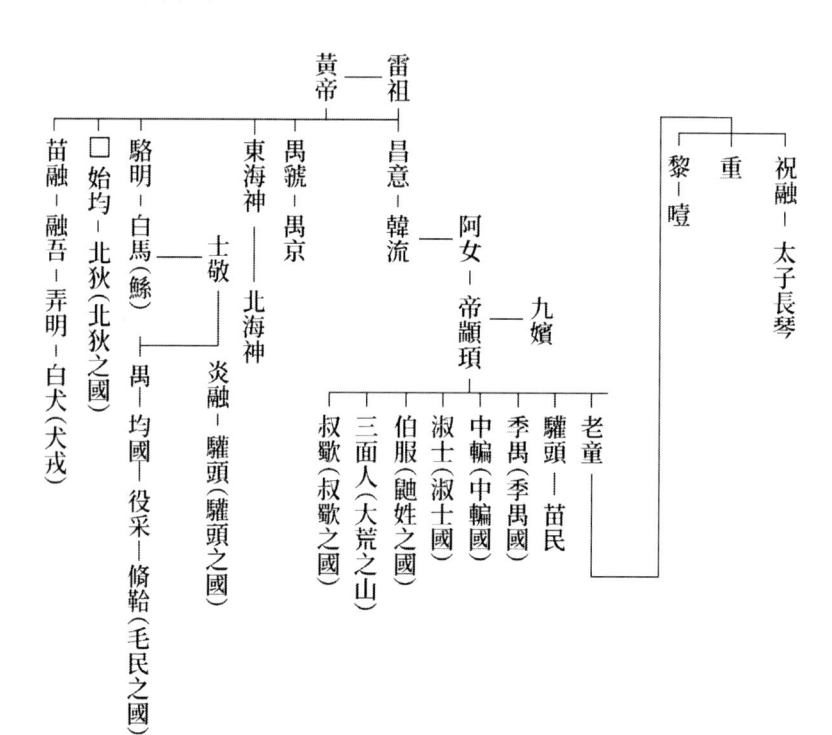

```
                                              祝融 ― 太子長琴
黃帝 ― 雷祖                                    重
  │                                          黎 ― 噎
  ├ 昌意 ― 韓流 ― 阿女 ― 帝顓頊 ― 九嬪
  │                              ├ 老童
  │                              ├ 驩頭 ― 苗民
  │                              ├ 季禺（季禺國）
  │                              ├ 中䰞（中䰞國）
  │                              ├ 淑士（淑士之國）
  │                              ├ 伯服（䲨姓之國）
  │                              ├ 三面人（大荒之山）
  │                              └ 叔歜（叔歜之國）
  ├ 禺䝞 ― 禺京
  ├ 東海神 ― 北海神
  │         士敬 ― 炎融 ― 驩頭（驩頭之國）
  ├ 駱明 ― 白馬（鯀）― 禹 ― 均國 ― 役采 ― 脩鞈（毛民之國）
  ├ □始均 ― 北狄（北狄之國）
  └ 苗龍 ― 融吾 ― 弄明 ― 白犬（犬戎）
```

十三、蚩尤，昆吾，窮奇，夔，窫窳及其他

二、帝俊系

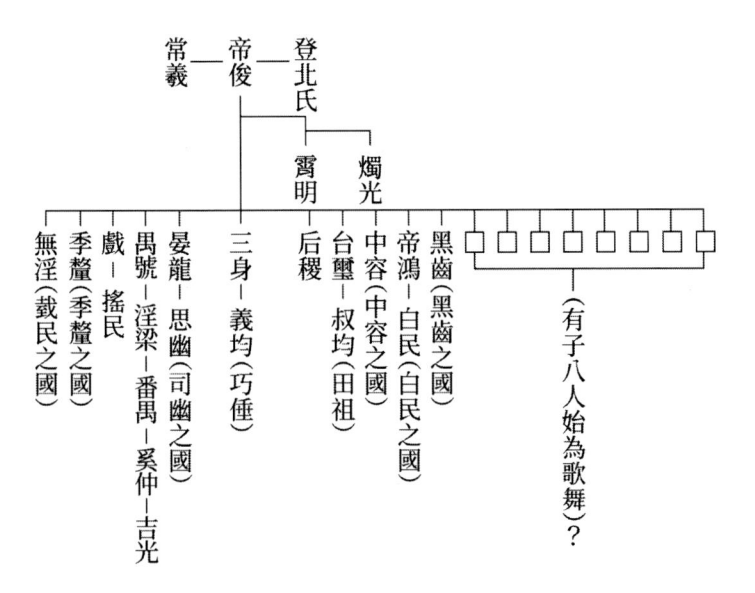

```
           ┌─ 霄明
登北氏 ─────┤
           └─ 燭光

常羲 ── 帝俊 ─┬─ 無淫（蓏民之國）
              ├─ 季釐（季釐之國）
              ├─ 戲 ─ 搖民
              ├─ 禺號 ─ 淫梁 ─ 番禺 ─ 奚仲 ─ 吉光
              ├─ 晏龍 ─ 思幽（司幽之國）
              ├─ 三身 ─ 義均（巧倕）
              ├─ 后稷
              ├─ 台璽 ─ 叔均（田祖）
              ├─ 中容（中容之國）
              ├─ 帝鴻 ─ 白民（白民之國）
              ├─ 黑齒（黑齒之國）
              └─（有子八人始為歌舞）？
```

三、大皞系

大皞 ── 咸鳥 ── 乘釐 ── 後照 ──（巴人）

四、少昊系

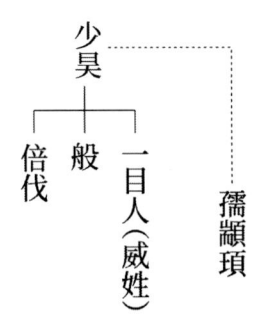

```
       ┌─ 一目人（威姓）
少昊 ──┼─ 般
       ├─ 倍伐
       └┄ 顓頊
```

第三章 《山海經》及其體系

五、炎帝系

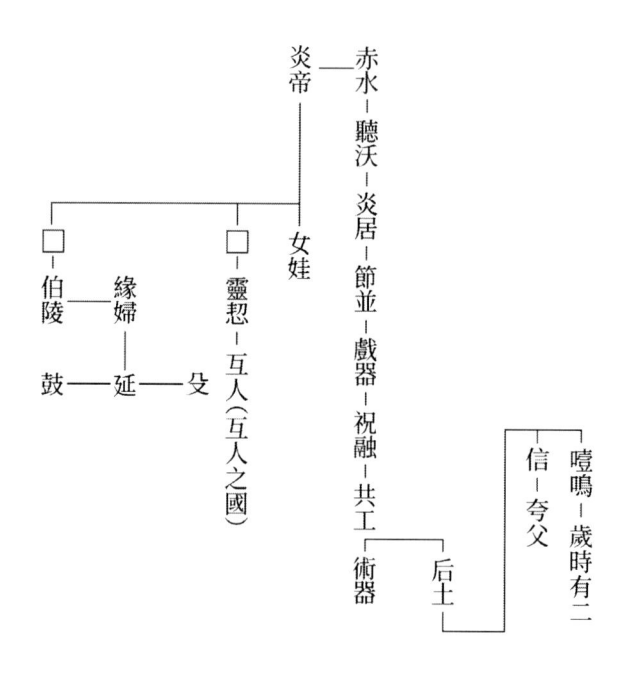

```
炎帝 ─┬─ 赤水 ─ 聽沃 ─ 炎居 ─ 節並 ─ 戲器 ─ 祝融 ─ 共工 ─┬─ 術器
      │                                                  └─ 后土 ─┬─ 噎鳴 ─ 歲時有二
      │                                                            └─ 信 ─ 夸父
      ├─ 女娃
      ├─ □ ─ 靈恝 ─ 互人（互人之國）
      └─ □ ─┬─ 伯陵 ─ 緣婦
            └─ 鼓 ─ 延 ─ 殳
```

六、伯夷系

伯夷父 ── 西嶽 ── 先龍 ── 氐羌

七、南嶽系

```
南嶽 ── 女虔
      └── 季格 ── 壽麻（壽麻國）──
```

在以上的七個家系中，有一點是非常值得我們注意的，就是：

1. 黃帝妻雷祖生昌意。──〈海內經〉

十三、蚩尤,昆吾,窮奇,夔,窫窳及其他

2. 韓流取淖子曰阿女,生帝顓頊。——〈海內經〉

3. 鯀妻士敬,士敬子曰炎融。——〈大荒南經〉

4. 舜妻登比氏生宵明燭光。——〈海內北經〉

5. 伯陵同吳權之妻阿女緣婦……是生鼓延殳。——〈海內經〉

6. 炎帝之妻赤水之子聽訞生炎居。——〈海內經〉

7. 南嶽娶州山女,名曰女虔,女虔生季格。——〈大荒西經〉

為什麼不說鯀娶士敬生炎融?而說鯀妻士敬,士敬子曰炎融!為什麼不說炎帝娶赤水生聽?而說炎帝之妻赤水之子聽!繞這麼一個大彎呢?

從這一點上,我們可以知道以女性為本位的氏族組織,確曾存在於中國古代。所謂氏族的組織,就是有共通的祖先,以氏族名稱相區分,以血緣之關係相結合而成的一個共同團體。太古時代之家系,通常以女性為本位,氏族之組織是由想像的一個女性祖先和她的子女及她的女系之子孫之子女所構成,其家系由女性而繼續,降至家系以男性為本位的時代 —— 私有財產出現以後 —— 氏族之組織,便是由想像的一個男性的祖先和他的子女及他的男系子孫子女所構成,其家系由男性而繼續。

我們知道《山海經》的作者絕不是禹,也絕不是益,甚至不是西周以前的作品。它的作者不止一人,它的完成也不能斷然地說屬於某一個時期。我們可以斷然地說《山海經》是出於十個

第三章　《山海經》及其體系

人以上或更多的手筆，有的是由傳聞而來的，有的是就以前的記載而加以自己的想像，有的故意羼入些不相稱的內容來作為某一事件的利用。它的時代是從戰國開始以至東漢魏晉。

《山海經》所敘述的是史前時代的民間傳說故事，這一些已被後來人所記載的或未被記載的傳說故事，在事實上有被保留到較後的時代的可能，在這一種被保留被記載的傳說故事中，雖然可能有幾分或較多的真實性——它的來源是現實的反映或初民的信仰——不過總是虛構的成分居多。所謂被保留的故事中的可靠的幾分真實性，就是那某一故事或傳說所形成以及產生的時代的社會背景，不過經過若干年代以後，社會的組織由漸進或突進的演變，而發現了與前一時代的基礎組織的根本差異，執筆記載這某一故事或傳說的作者，就難免將自己的時代的社會背景，不知不覺地添了上去，不過那最初被保留的幾分真實性，到這時期至少還被保留了一些，這是可以斷言的。

現在我們可以來解釋為什麼《山海經》中所敘述的家系，一部分以女性為原始的祖先，而一部分又以男性為祖先，一部分又糅合男女二性，僅僅於文字的敘述中，顯露出女性的地位較重要於男性的緣故了。

在以上所舉的六個例子中，顯示出史前時代以女性為本位的社會組織的存在的無可置疑，雷祖、士敬、登比氏、緣婦、赤水都是這一時代的每一個氏族所擬想的原始的祖先，在這時期每一氏族都以女性為他們的共通祖先，普通男子的地位低於

十三、蚩尤,昆吾,窮奇,夔,窫窳及其他

女子,這一想像的女性祖先,不一定是人類而是屬於能生產的禽鳥,野獸,或虛擬的神鬼。到了後來,生產工具逐漸進步,由石器而銅器而鐵器,社會生活方面,由漁獵而游牧而農耕,男性逐漸成為家族中主要的生產者,其他方面由於掠奪婚的盛行,使女性的地位日漸低落,自然而然,男性變成一部落或一氏族中的供給者和支持者,這樣,便形成了所謂以男性為本位的父系家族,當然這時期的氏族祖先,也採取了以男性為本位的傳說中的英雄,或猛勇凶殘的獸類了。

黃帝、韓流、鯀舜、伯陵、炎帝……這些便是這一時期所採用的想像的氏族的共通祖先。

最後人類完全進入文明時代,社會組織日趨繁複,生產工具日益精進,供給過於需求,形成了原始的生產過剩的事實,於是商業上以貨易貨的習慣從而普遍,另一方面,以人口為貨品的賣買婚也由此而起。這樣,男性便成為部落中、社會上獨裁的專制者,男女兩階級間形成了絕對的懸殊景象。

這時期的家族的祖先,也同樣地為男性所獨占,而女性則被安置於無足重輕的贅餘地位。

《山海經》中的古代故事的記載,正在這一時期之後若干年,這樣,以前所經歷的三個不同的演進階段,便被完全儲存在這一記載中。

每一故事的記載者一方面摻入了自己的時代的社會背景,一方面又客觀地儲存著一些原來的景象,另一方面又主觀地把

第三章 《山海經》及其體系

前一時代加上後一時代的事實,使之調和。所以我們在《山海經》中所發現的是以上所舉的既以女性為共通祖先,而又加上一位男性的傳說中的英雄的混合家系。由於這一種無意的混合,那幾分原始以來被保留的真實性,雖被減削,卻仍有相當的成分被遺留著。這被遺留的一點,就使我們了解史前時代至有史時代所經歷的三個不同的演進階段,和女系本位的社會組織確曾存在於中國古代社會的這一事實的明證。

表四 「山海經中諸國表」

〈大荒北經〉

國名	位置	氏族	形貌	其他
牛黎之國			無骨	儋耳之子
犬戎國	賴丘		人面獸身	黃帝孫白犬,肉食
中輶	西北海外流沙之東			顓頊子,食黍
繼無民		任姓	無骨子	食氣魚
苗民	西北海外黑水之北		有翼	顓頊孫,食肉
一目人		威姓		少昊之子
深目民之國		盼姓		食魚
無腸之國		任姓		
無繼子				食魚
儋耳之國		任姓		
毛民之國		依姓		禹孫脩鞈

十三、蚩尤,昆吾,窮奇,夔,窫窳及其他

國名	位置	氏族	形貌	其他
始州之國				有丹山
北齊之國		姜姓		使虎豹熊羆
叔歜國				顓頊子,黍食使四鳥
大人之國		釐姓		黍食
肅慎氏之國	不咸山			
胡不與之國		烈姓		黍食

〈大荒西經〉

國名	位置	氏族	形貌	其他
互人之國			能上下於天	炎帝孫
三面人	大荒之山			顓頊子
一臂民				
蓋山之國				有朱木
壽麻之國			爰有大暑不可以往	南嶽孫壽麻
寒荒之國				有二人女祭女薎
軒轅之國				
丈夫之國				
女子之國				
先民之國	西北海之外赤水之西			食穀,使四鳥
北狄之國	西北海之外赤水之西			黃帝孫

國名	位置	氏族	形貌	其他
西周之國		姬姓		食穀
赤國				叔均之國
長脛之國	西北海之外赤水之東			
白氏之國				有大澤之長山
淑士國				顓頊之子
沃之國	沃之野			鳳鳥之卵是食,甘露是飲

〈大荒南經〉

國名	位置	氏族	形貌	其他
羲和之國	東南海之外甘水之間			
驩頭之國	大荒之中		人面鳥喙,有翼,食海中魚	鯀孫
張弘之國	海中			食魚,使四鳥
鼬姓之國		鼬姓		顓頊孫
焦僥之國		幾姓	小人	嘉穀是食
蜮民之國	蜮山	桑姓		食黍,射蜮是食
載民之國		盼姓		食穀,帝舜孫
季釐之國	重陰之山			食獸,帝俊子
不死之國		阿姓		甘木是食

十三、蚩尤，昆吾，窮奇，夔，窫窳及其他

國名	位置	氏族	形貌	其他
盈民之國		於姓		黍麥，又有人方食木葉
卵民之國	成山，甘水		其民皆生卵	
羽民之國	成山，甘水		其民皆生羽	
季禺之國	成山，甘水			食黍，顓頊子
三身之國	不庭之山甘水窮焉	姚姓		黍食，使四鳥

〈大荒東經〉

國名	位置	氏族	形貌	其他
女和月母之國				
中容之國	東荒之中壑明山			
壎民之國	大荒之中猗天蘇門			
困民國		勾姓		
搖民國				
玄股國	招搖山，融水			黍食，使四鳥
夏州之國				
蓋餘之國				
黑齒之國		姜姓		黍食，使四鳥，帝俊子
嬴土之國			有柔僕民	

第三章 《山海經》及其體系

國名	位置	氏族	形貌	其他
青丘之國				有狐九尾
白民之國		銷姓		黍食，使四鳥，帝俊孫
司幽之國				食黍，獸，使四鳥，帝俊孫
君子之國	東口之山		衣冠帶劍	
中容之國	大荒之中合虛山			食獸，木食，使四鳥，帝俊子
蔿國				黍食，使四鳥
小人國			名靖人	
大人之國	東海外大言山，波谷山			
少昊之國	東海外大壑			

〈海外東經〉

國名	位置	氏族	形貌	其他
埻端國	崑崙虛東南流沙中			
璽喚國	崑崙虛東南流沙中			
大夏國	流沙外			
豎沙國	流沙外			
居繇國	流沙外			
月支之國	流沙外			

十三、蚩尤，昆吾，窮奇，夔，窫窳及其他

〈海內經〉

國名	位置	氏族	形貌	其他
朝鮮國	東海之內 北海之隅		其人水居	
夫壽國	東海之內 北海之隅		其人水居	
壑市國	西海之內 流沙之中			
氾葉國	西海之內 流沙之西			
朝雲之國	流沙之東 黑水之西			
司彘之國	流沙之東 黑水之西			黃帝後
禺中之國	若水			
列襄之國	若水			
鹽長之國			鳥首名曰鳥氏	
巴國	西南			大皞之後
流黃辛氏				城中方三百里
硃卷之國				有黑蛇青首食象
贛巨人	南方			人面長臂黑身有毛反踵
黑人			虎首鳥足	兩手持蛇方啗之
嬴民			鳥足	

133

國名	位置	氏族	形貌	其他
苗民				有神日延維
氐羌		乞姓	伯夷父後	
玄丘之民	大玄之山			
赤脛之民				
大幽之國				
釘靈之國			其民從䣢以下有毛馬蹄善走	

〈海外南經〉

國名	位置	氏族	形貌	其他
結匈國	西南		結匈	
羽民國	東南		長頭身生羽長頰	
讙頭國	在畢方東		人面有翼鳥喙方捕魚	或曰讙朱國
厭火國	在讙朱東		身黑色，生火出其中	
三苗國	在赤水東		其為人相隨	一曰三毛國
載國	在三毛東		其為人黃，能操弓射蛇	
貫匈國	在載國東		匈有竅	
交脛國	在穿匈東		交脛	
不死民	在穿匈東		黑色壽不死	

十三、蚩尤，昆吾，窮奇，夔，窫窳及其他

國名	位置	氏族	形貌	其他
岐舌國	在不死民東			
三首國	在岐舌東		一身三首	
周饒國	在三首東		短小冠帶	一曰焦僥國
長臂國	在焦僥東		捕魚海中	兩手各操一魚

〈海外西經〉

國名	位置	氏族	形貌	其他
三身國	在夏后啟北		一首三身	
一臂國	在其北		一臂一目一鼻孔	有黃馬虎文
奇肱之國	在其北		一臂三目有陰有陽	乘文馬
丈夫國	在維鳥北		衣冠帶劍	
巫咸國	在女丑北			
女子國	在巫咸北		兩女子居水周之	
軒轅之國	在女子國北		人面蛇身交尾上	其不壽者八百歲
白民之國	在龍魚北		白身被髮	有乘黃
肅慎之國	在白民北			有樹名曰雄常，先入伐帝於此取之
長股之國	在雄常北		披髮	一曰長腳

第三章 《山海經》及其體系

〈海外北經〉

國名	位置	氏族	形貌	其他
無𦞅之國	在長股東		無𦞅	
一目國	在其東		一目中其面而居	
柔利國	在一目東		為人一手一足反郄曲足居上	一云留利之國人足反折
深目國	在其東		為人舉一手一目	
無腸之國	在深目東		長而無腸	
聶耳之國	在無腸東		兩手聶其耳縣居海水中	使兩文虎
博父國	在聶耳東		其為人大	左手操青蛇，右手操黃蛇
拘纓之國	在其東		一手把纓	一曰利纓之國
跂踵國	在拘纓東		人大，兩足亦大	一曰大踵

〈海外東經〉

國名	位置	氏族	形貌	其他
大人國	在𨂂丘		其為人大坐而削船	
君子國	在其北		衣冠帶劍好讓不爭	衣獸，使二大虎在旁

十三、蚩尤，昆吾，窮奇，夔，窫窳及其他

國名	位置	氏族	形貌	其他
青丘國	在其北			其狐四足九尾
黑齒國	在其北		為人黑	食稻，啖蛇
玄股之國	在雨師妾北		衣鳥食驅	
毛民之國	在玄股北		身生毛	
勞民國	在毛民北		黑	或曰教民

〈海外南經〉

國名	位置	氏族	形貌	其他
伯慮國	在鬱水南			
離題國	在鬱水南			
離耳國	在鬱水南			
北朐國	在鬱水南			
梟陽國	在北朐西		人面長唇黑身反踵有毛見人笑亦笑	
氐人國	在建木西		人面魚身無足	
匈奴	在西北			
開題之國	在西北			
列人之國	在西北			

第三章 《山海經》及其體系

〈海內西經〉

國名	位置	氏族	形貌	其他
流黃酆氏之國	在后稷葬西			中方三百里,有塗四方
東胡	在大澤東			
夷人	在東胡東			
貊國	在漢水東			地近於燕

〈海內北經〉

國名	位置	氏族	形貌	其他
犬封國	大行伯之東			即犬戎國
鬼國	大貳負之屍北		人面一目	
戎			人首三角	
林氏國				有巧獸曰騶吾
蓋國	在巨燕			
朝鮮	在列陽東			
射姑國	在海中			屬列姑射山環之
明組邑	居海中			

（原載《史學年報》第三期,1931 年 8 月）

第四章

胡惟庸黨案的真相

■ 一、《明史》所記之胡惟庸

　　胡惟庸事件是明代初葉的一件大事，黨獄株連前後十四年，一時功臣宿將誅夷殆盡，前後達四萬餘人。[010] 且因此和日本斷絕國交關係，著之《祖訓》。[011] 另一方面再三頒布《昭示奸黨錄》、《臣戒錄》、《志戒錄》、《大誥》、《世臣總錄》諸書，諄諄告諭臣下，以胡惟庸為前鑑。[012] 到明成祖時代，還引這事件來誡諭臣下，勿私通外夷。[013] 明代諸著作家的每一部提及明初史蹟的著述中，都有這事件的記載。清修明史且把胡氏列入奸臣傳。[014] 在政治制度方面，且因此而永廢丞相，分權於六部、五府、都察院、通政司、大理寺等衙門。[015] 在這事件的影響方面說，一時元功宿將皆盡，靖難師起，僅餘耿炳文、吳禎等支撐禦

---

[010]　《明史》卷九四，〈刑法志〉卷一三二，〈藍玉傳〉。
[011]　《皇明祖訓》首章；《明史》卷三一二，〈日本傳〉。
[012]　《皇明大政記》卷三。
[013]　《明政統宗》卷七。
[014]　《明史》卷三〇八。
[015]　《皇明祖訓》首章；《高皇帝實錄》卷一二九。

第四章　胡惟庸黨案的真相

侮,建文因以遜國。[016]綜之,從各方面說,無論是屬於政治的,外交的,軍事的,制度的,易代的,這事件之含有重大意義,其影響及於有明一代,則無可置疑。

《明史》記此事顛末云:

自楊憲誅,帝以惟庸為才,寵任之。惟庸亦自勵,嘗以曲謹當上意,寵遇日盛。獨相數歲,生殺黜陟,或不奏徑行。內外諸司上封事,必先取閱,害己者輒匿不以聞。四方躁進之徒及功臣武夫失職者爭走其門,饋遺金帛名馬玩好不可勝數。

大將軍徐達深嫉其奸,從容言於帝。惟庸遂誘達閽者福壽以圖達,為福壽所發。

御史中丞劉基亦嘗言其短。久之,基病,上遣惟庸挾醫視,遂以毒中之。基死,益無所忌。與太師李善長相結,以從女妻其從子佑。

學士吳伯宗劾惟庸既得危禍。自是勢益熾。

其定遠舊宅井中忽生石筍,出水數尺,諛者爭引符瑞。又言其祖父三世塚上,皆夜有火光燭天。惟庸益喜自負,有異謀矣。

吉安侯陸仲亨自陝西歸,擅乘傳。帝怒責之曰:「中原兵燹之餘,民始復業,籍戶買馬,艱苦殊甚。使皆效爾所為,民雖盡鬻子女,不能給也。」責捕盜於代縣。平涼侯費聚奉命撫蘇州軍民,日嗜酒色。帝怒,責往西北招降蒙古,無功。又切責

---

[016] 《弇州史料後集》卷六一。

之，二人大懼。惟庸陰以權利脅誘二人，二人素戇勇，見惟庸用事，密相往來。嘗過惟庸家，酒飲酣，惟庸屏左右言：「吾等所為多不法，一旦事覺，如何！」二人益惶懼，惟庸乃告以己意，令在外收集軍馬。

又嘗與陳寧坐省中閱天下軍馬籍，令都督毛驤取衛士劉遇賢及亡命魏文進等為心膂，曰：「吾有所用爾也。」

太僕寺丞李存義者善長之弟，惟庸婿李佑父也。惟庸令陰說善長，善長已老，不能強拒，初不許，已而依違其間。

惟庸益以為事可就，乃遣明州衛指揮林賢下海招倭與期會。又遣元故臣封績[017]致書稱臣於元嗣君，請兵為外應，事皆未發。

會惟庸子馳馬於市，墮死車下，惟庸殺輓車者。帝怒，命償其死。惟庸請以金帛給其家，不許。惟庸懼，乃與御史大夫陳寧、中丞塗節等謀起事，陰告四方及武臣從己者。十二年九月占城來貢，惟庸等不以聞，中官出見之，入奏。帝怒，切責省臣，惟庸及廣洋頓首謝罪，而微委其咎於禮部，禮部又委之中書，帝益怒，盡囚諸臣，窮詰主者。未幾賜廣洋死。廣洋妾陳氏從死，帝詢之，乃入官陳知縣女也。大怒曰：「沒官婦女只給功臣家，文臣何以得給？」乃敕法司取勘。於是惟庸及六部堂屬咸當坐罪。

明年正月，塗節遂上變告惟庸，御史中丞商暠時謫為中書省吏，亦以惟庸陰事告。帝大怒，下廷臣更訊，詞連寧、節。

---

[017]　《列卿記》卷一〈胡惟庸傳〉引《實錄》作封續，北平圖書館藏《實錄》作封績。

第四章　胡惟庸黨案的真相

廷臣言節本預謀，見事不成，始上變告，不可不誅。乃誅惟庸、寧並及節。

惟庸既死，其反狀猶未盡露，至十八年李存義為人首告，免死安置崇明。十九年十月林賢獄成，惟庸通倭事始著。

二十一年藍玉征沙漠，獲封績，善長不以奏。至二十三年五月事發，捕績下吏，訊得其狀，逆謀大著。會善長家奴盧仲謙首善長與惟庸往來狀，而陸仲亨家奴封帖木亦首仲亨及唐勝宗、費聚、趙雄（明按：「雄」當作「庸」，以趙庸封南雄侯致誤，〈李善長傳〉可證）三侯與惟庸共謀不軌。帝發怒，肅清逆黨，詞所連及，坐誅者三萬餘人，乃為《昭示奸黨錄》布告天下，株連蔓引，迄數年未靖雲。[018]

惟庸通倭事，《明史》云：

先是胡惟庸謀逆，欲借日本為助，乃厚結寧波衛指揮林賢，佯奏賢罪，謫居日本，令交通其君臣。尋奏復賢職，遣使召之。密緻書其王，借兵助己。賢還，其王遣僧如瑤率兵卒四百餘人，詐稱入貢，且獻巨燭，藏火藥刀劍其中。既至，而惟庸已敗，計不行。帝亦未知其狡謀也。越數年，其事始露，乃族賢，而怒日本特甚，決意絕之，專以防海為務。[019]

與李善長謀逆事，《明史》云：

京民坐罪應徙邊者，善長數請免其私親丁斌等，帝怒按

---

[018]　《明史》卷三〇八，〈胡惟庸傳〉。
[019]　《明史》卷三二二，〈日本傳〉。

一、《明史》所記之胡惟庸

斌，斌故給事惟庸家，因言存義等往時交通惟庸狀。命逮存義父子鞫之，詞連善長云：「惟庸有反謀，使存義陰說善長，善長驚叱曰：『爾言何為者？審爾，九族皆滅！』又使善長故人楊文裕說之云：『事成當以淮西地封為王。』善長驚不許，然頗心動。惟庸乃自往說，善長猶不許。久之，惟庸復遣存義進說，善長嘆曰：『吾老矣，吾死，汝等自為之。』」

或又告善長云將軍藍玉出塞至捕魚兒海，獲惟庸通沙漠使者封績，善長匿不以聞。於是御史交章劾善長。而善長奴盧仲謙等亦告善長與惟庸通賂遺，交私語。獄具，謂善長元勳國戚知逆謀不發舉，狐疑觀望，懷兩端，大逆不道。會有言星變，其占當移大臣，遂並其妻女弟姪家口七十餘人誅之。而吉安侯陸仲亨、延安侯唐勝宗、平涼侯費聚、南雄侯趙庸、滎陽侯鄭遇春、宜春侯黃彬、河南侯陸聚等皆同時坐惟庸黨死。而已故滎陽侯楊璟、濟寧侯顧時等追坐者又若干人。帝手詔條列其罪，傳著獄詞，為《昭示奸黨三錄》布告天下。[020]

谷應泰記胡惟庸被誅前又有雲奇告變一事：

正月戊戌，惟庸因詭言第中井出醴泉，邀帝臨幸，帝許之。駕出西華門，內使雲奇衝蹕道勒馬銜言狀，氣方勃，舌不能達意，太祖怒其不敬，左右撾捶亂下，雲奇右臂將折，垂斃，猶指賊臣第弗為痛縮。上悟，乃登城望其第，藏兵複壁間，刀槊林立。即發羽林掩捕考掠，具狀磔於市。[021]

---

[020] 《明史》卷一二七，〈李善長傳〉。
[021] 《明史紀事本末》卷一二三，胡藍之獄。

第四章　胡惟庸黨案的真相

綜結以上的記載,胡惟庸黨案的構成及經過是:

(1) 胡惟庸擅權罔上。

(2) 謀刺徐達。

(3) 毒死劉基。

(4) 與李善長相結交通。

(5) 定遠宅井生石筍,祖墓夜有火光,因有異志。

(6) 結陸仲亨、費聚為助。

(7) 收納亡命。

(8) 令李存義、楊文裕說李善長謀逆。

(9) 遣林賢下海招倭,倭使如瑤偽貢率兵為助。

(10) 遣封績稱臣於元求援。

(11) 惟庸殺輓車者,太祖責償死。

(12) 阻占城貢使,被罪。

(13) 私給文官以入官婦女坐罪。

(14) 塗節上變。商暠白其私事。

(15) 請上幸第謀刺,為雲奇所發。

(16) 獄具伏誅。胡黨之名起。

(17) 林賢獄成。

(18) 李善長被殺。

(19) 對日絕交。

(20) 胡黨株蔓數萬人，元功宿將幾盡。

以下試參證中日記載，說明這一事件的真相和明代初葉中日間的國際關係。

■二、雲奇告變

胡惟庸黨案的真相，到底如何，即明人亦未深知，這原因大概是由於胡黨事起時，法令嚴峻，著述家多不敢記載此事。到了事過境遷以後，真實情形已被淹沒，後來的史家只能專憑《實錄》，所以大體均屬相同。他事有不見於《實錄》的，便只能閉戶造車，以訛傳訛，所以極多矛盾同時記載。正因為這許多記載之曖昧矛盾，所以當時人便有懷疑它的。鄭曉以為：「國初李太師、胡丞相、藍國公諸獄未可知。」[022] 王世貞是明代的一個偉大的史學家，他的話應該可信了，他說：

胡惟庸謀逆，陰約日本國貢使以精兵裝巨舶，約是日行弒，即大掠庫藏，泛舟大海，事洩伏誅。上後卻日本之貢以此。[023]

他的兒子王士騏卻不惜反對他的話，對這事件深為致疑，他以為：

---

[022] 《今言》卷一四四。
[023] 王世貞：《史乘考誤》。

第四章　胡惟庸黨案的真相

按是年（十三年）誅丞相胡惟庸，廷臣訊辭第雲使林賢下海招倭軍，約期來會而已。不至如野史所載，亦不見有絕倭之詔。本年日本兩貢無表，又其將軍奉丞相書辭意倨慢，故詔諭之。中云：「前年浮辭生釁，今年人來匪誠。」不及通胡惟庸事，何耶？近年勘嚴世蕃亦云交通倭虜，潛謀叛逆，國史謂尋端殺之，非正法也。胡惟庸之通倭，恐亦類此。[024]

由此可見這事件的可信程度正如徐階所授意的嚴世蕃獄詞一樣。按《明史》載世蕃獄具，徐階以為彰主過，適所以活之，為手削其草。[025] 略云：

曩年逆賊汪直勾倭內訌，罪在不宥。直徽州人，與羅龍文姻舊，遂送十萬金世蕃所，擬為授官……龍文亦招聚王直通倭餘黨五百餘人謀於世蕃。班頭牛信亦自山海衛棄伍北走，擬誘致北虜，南北響應……[026]

於是覆勘實以「交通倭虜，潛謀叛逆，其有顯證」上，嚴家由是方倒。獄辭中通倭誘虜二事，恰好做胡惟庸事件的影子。

在以上所引的史料中，衝突性最顯著的是《明史》所記塗節、商暠告變和《紀事本末》所記的雲奇告變二事。因為假使前者是真，則惟庸已得罪被誅，無請臨幸謀刺之可能。假使後者是真，則惟庸亦當日被誅，無待塗、商二人之告發。質言之，

---

[024]　《皇明馭倭錄》卷一。
[025]　《明史》卷三〇八，〈嚴嵩傳〉。
[026]　王世貞：《國朝叢記》，嚴世蕃供詞。

兩件告發案必有一件是假，或者兩件都假，斷不能兩件都真。現試略徵群籍，先談雲奇事件。

谷應泰關於雲奇的記載，確有所本。此事最先見於雷禮所引《國琛集》。[027] 記述與谷氏小有異同。其文云：

> 太監雲奇南粵人。守西華門，邇胡惟庸第，刺知其逆謀。胡詭言所居井湧醴泉，請太祖往觀，鑾輿西出，雲慮必與禍，急走衝蹕，勒馬銜言狀。氣方勃崒，舌不能達。太祖怒其犯蹕，左右撾捶亂下，雲垂斃，右臂將折，猶奮指賊臣第。太祖乃悟，登城眺顧，見其壯士披甲伏屏帷間數匝，亟返梭殿，罪人就擒。召奇則息絕矣。太祖追悼奇，賜贈葬，令有司春秋祀之。墓在南京太平門外，鐘山之西。

自後王世貞撰〈胡惟庸傳〉即引此文，不過把「詭言所居井湧醴泉」改為「偽為第中甘露降」。[028] 把地下湧出來的換成天上掉下來的罷了。鄧元錫索性把他列入〈宦官傳〉，以為忠義之首，不過又將名字改成奇雲奇。[029] 傅維麟本之亦為立專傳[030]，仍復其名為雲奇。其他明清諸著述家如陳建[031]、嚴從簡[032]、鄧

---

[027] 《國朝列卿紀》卷一，〈胡惟庸傳〉附錄。
[028] 《弇州別集・胡惟庸傳》。
[029] 鄧元錫：《皇明書》卷一三，〈宦官傳〉。
[030] 傅維麟：《明書》卷一五七，〈胡惟庸傳〉；卷一五八，〈雲奇傳〉。
[031] 《皇明從信錄》卷七。
[032] 《殊域周諮錄》卷二。

第四章　胡惟庸黨案的真相

球[033]、尹守衡[034]、彭孫貽[035]、谷應泰[036]，日人如飯田忠彥[037]等，均深信不疑，引為實錄。

在上引的諸家記載中，有一個共通的可疑點。這疑點是雲奇身為內使，所服務地點與胡惟庸第相近，他既知胡氏逆謀，為什麼不先期告發，一定要到事迫眉睫，方才闖道報警呢？這問題彭孫貽氏解答了。他說：

> 時丞相胡惟庸謀大逆，居第距門甚邇。奇刺知其事，冀欲發未有路，適惟庸譟言所居井湧醴泉，邀上往賞，駕果當西出，奇慮必有禍，會走犯蹕……

總算勉強可以遮過讀者的究詰。但據以上諸書所記，惟庸請明太祖到他家裡來看醴泉或甘露的日子是洪武十三年正月戊戌。據《明史》惟庸即以是日被誅。[038] 這樣當天請客，當天殺頭，中間並未經過審訊下獄的階段，在時間上是否發生問題呢？這問題夏燮曾引《三編質實》證明其不可能，他說：

> 考《實錄》正月癸巳朔，甲午中丞塗節告胡惟庸謀反，戊戌賜惟庸等死。若然，則正月二日惟庸已被告發，不應戊戌尚有邀帝幸第之事。[039]

---

[033]　《皇明泳化類編》卷一二七，防細。
[034]　《皇明史竊·宦官傳》。
[035]　《明史紀事本末補編》五，宦官賢奸。
[036]　《明史紀事本末》卷一三。
[037]　飯田忠彥：《野史》卷二八二，〈外國傳〉一。
[038]　《明史》，〈太祖本紀〉二。
[039]　《明通鑑》卷七，考異。

二、雲奇告變

　　我們在時間上的比較，已知此事非真。如再從事實方面考核，南京城高數仞，胡惟庸第據文中「壯士匿屏帷（或廳事）間」絕非無屋頂 —— 露天可知（《有學集》一〇三引《明人紀載》說：南京城西華門內有大門北向，其高與諸宮殿等，後門甍棟具在，曰舊丞相府，即胡惟庸故第）。無論西華門離胡第怎樣近（事實上愈近只能看屋脊），就譬如在景山山頂吧，故宮就在足下，除了黃澄澄的屋瓦以外，我們能看出宮殿內的任何事物出來嗎？同理，胡第非露天，就使明太祖真有登過城這一回事，又何從知道胡第伏有甲兵，此甲兵且伏在廳事中，屏帷間！

　　據《國琛集》說胡惟庸第在西華門內 —— 禁中。王世貞〈舊丞相府志〉頗疑其非是。考《昭示奸黨第二錄》載盧仲謙供，謂胡惟庸私第在細柳坊，按〈洪武京城圖志〉：廣藝街在上元縣西，舊名細柳坊，一名武勝坊。又考《街市圖》：廣藝街在內橋之北，與舊內相近。則惟庸私第之不在禁中明甚。再按《實錄》：丙午八月（西元 1366 年）拓建康城；初舊內在建康舊城中，因元南臺為宮，稍庳隘，上乃命劉基等卜地，定新宮於鐘山陽。戊申正月（西元 1368 年）自舊內遷新宮。由是知明太祖之遷居新宮在洪武元年，舊內固近惟庸第，新宮則在建康城北，雲奇事件如在洪武十三年，則根本為不可能。

　　由以上的推斷，雲奇事件之無稽荒謬，已決然無可疑。不過這一傳說又從何發生的呢？雲奇與胡惟庸雖無關係，但這事件的本身是否有存在的可能性呢？這兩疑問，何孟春氏的〈雲奇

第四章　胡惟庸黨案的真相

墓碑〉[040]將給我們以一個滿意的解答。

南京太平門外鐘山西有內官享堂一區，我太祖高皇帝所賜，今加贈司禮監太監雲公奇葬地也。案舊碑公南粵人，洪武間內使，守西華門。時丞相謀逆者居第距門甚邇，公刺知其事，冀因隙以發。未幾，彼逆臣言所居井湧醴泉……

公所遭謀逆者舊狀以為胡藍二黨。夫胡惟庸之不軌在洪武十三年，藍玉在二十六年，胡被誅後，詔不設丞相，至藍十四年矣。春敢定以胡為是，以補舊碑之缺，備他日史官之考證。

可見胡惟庸謀逆的真相，明初人就不大清楚。舊碑闕以存疑，尚不失忠實態度。何孟春自作聰明，硬斷定為胡惟庸，後此史官，雖以此事不見《實錄》，亦援引碑文，定為信讞，自王世貞以下至彭孫貽、飯田忠彥等都篤信其事，因訛傳訛，結果當然是到處碰壁，怎麼也解釋不出時間性與空間的不可能和事實上的矛盾了。錢謙益《明太祖實錄辨證》三說：「雲奇之事，國史野史，一無可考。嘉靖中朝廷因中人之請而加贈，何孟春據中人之言而立碑。」所謂中人，潘檉章以為是高隆。他說：

雲奇事起於中官高隆等，相傳為藍玉時事。而何孟春從而附會之，以為玉未嘗為丞相，故又移之胡惟庸。鑿空說鬼，有識者所不道。[041]

他疑心雲奇事件是由邵榮三山門謀逆之事衍變來的。他說：

---

[040]　《國朝獻徵錄》卷一一七，〈何孟春贈司禮監太監雲公奇墓碑銘〉。
[041]　《國史考異》卷二之一一。

然考之史,唯平章邵榮嘗伏兵三山門內欲為變,上從他道還,不得發。與墓碑所稱相類。三山門在都城西南與舊內相近,上登城眺察,難悉睹也。豈雲奇本守三山門,訛而為西華耶?或雲奇以衝蹕死,而宋國興之告變踵至耶?事有無不可知,史之闕文,其為是歟?[042]

三、如瑤藏主之貢舶

《明史》所記之如瑤貢舶事,明清人記載極多。日人記載則多據中籍迻譯,雖間有疑其支離者,亦僅及派使者之為征西或幕府,對於事實本身,則均一致承認。

關於胡惟庸通倭之明清人記述,其主要事實多根據《實錄》及《大誥》,《明史》和《實錄》更不過詳略之異,大體一無出入。文中洋洋灑灑據口供敘述胡惟庸的罪狀,於通倭投虜事,僅有二句:

惟庸使指揮林賢下海招倭軍,約期來會。又遣元臣封績致書稱臣於元,請兵為外應。[043]

惟庸誅後數日,在宣布罪狀的演詞中,亦未提及通倭一字:

己亥,胡惟庸等既伏誅,上諭文武百官曰:「……豈意奸

---

[042] 《國史考異》卷二之一一。邵榮謀反事見《明史》卷一二五,〈常遇春傳〉。
[043] 《明太祖高皇帝實錄》卷一二九。

第四章　胡惟庸黨案的真相

臣竊國柄，枉法誣賢，操不軌之心，肆奸欺之蔽，嘉言結於眾舌，朋比逞於群邪。蠹害政治，謀危社稷，譬堤防之將決，烈火之將然，有滔天燎原之勢，賴神發其蠹，皆就殄滅……」[044]

於罷中書省詔中，亦只及其枉法撓政諸罪：

癸卯，罷中書省，詔曰：「……丞相汪廣洋、御史大夫陳寧晝夜淫昏，酣歌肆樂，各不率職，坐視廢興。以致胡惟庸私構群小，夤緣為奸，或枉法以賄罪，或撓政以誣賢，因是發露，人各伏誅……」[045]

即在十六年後，太祖和劉三吾的談話中，胡惟庸的罪狀，也不過只是擅作威福和僭侈：

二十八年十一月上謂翰林學士劉三吾等曰：「奸臣胡惟庸等擅作威福，謀為不軌，僭用黃羅帳幔，飾以金龍鳳紋。邇者逆賊藍玉，越禮犯分，床帳護膝，皆飾金龍，又鑄金爵為飲器，家奴至於數百，馬坊廊房，悉用九五間數，僭亂如此，殺身亡家。」[046]

惟庸誅後七年，始於所頒《大誥》中提及林賢：

維十九年十二月望皇帝三誥於臣民曰：「……帝若曰前明州衛指揮賢私通惟庸，劫倭舶，放居倭，惟庸私使男子旺借兵私

---

[044] 《明太祖高皇帝實錄》卷一二九。
[045] 《明太祖高皇帝實錄》卷一二九；《明太祖文集》卷二，〈廢丞相大夫罷中書詔〉。
[046] 《皇明大事記》卷九，高皇帝禦製及纂輯諸書。

歸賢，賢將輔人亂，不寧於黔黎，誅及出幼子。」[047]

在洪武二十八年九月所頒《祖訓》中[048]，方才正式列出惟庸通倭的記載，其文云：

四方諸夷皆限山隔海，僻在一隅，得其地不足以供給，得其民不足使令，若其自不揣量，來撓我邊，則彼為不祥。彼既不為中國患，而我興兵輕犯，亦不祥也。吾恐後世子孫，倚中國富強，貪一時戰功，無故興兵，致傷人命，切記不可。但胡戎與西北邊境，互相密邇，累世戰爭，必選將練兵，時謹備之。

今將不征諸夷國名列後：

東北：朝鮮國

正東偏北：日本國（雖朝實詐，暗通姦臣胡惟庸，謀為不軌，故絕之）

正南偏東：大琉球國　小琉球國

西南：安南國　真蠟國　暹羅國　占城國　蘇門答剌

西洋國　爪窪國　溢亨國　白花國　三弗齊國　浡泥國[049]

考《明史‧胡惟庸傳》謂：「十九年十月林賢獄成，惟庸通倭事始著。」查《實錄》十九年十月條不載此事。胡惟庸罪狀中之通倭一事，據史言發覺在十九年，其唯一之根據為當時官書

---

[047]《名山藏‧刑法記》。
[048]《皇明大事記》卷九。
[049]《皇明祖訓》首章，五頁。

第四章　胡惟庸黨案的真相

〈大誥三編〉。

據此則十九年以前不當有絕倭之事，而事實上則卻相反。《祖訓》之成，據《大事記》所言第一次編成於洪武二年。[050] 第二次在六年五月。[051] 第三次在二十八年九月，重定名為《皇明祖訓》，其目仍舊，而更其《箴戒》章為《祖訓》首章。[052] 由是可知最後定本即仍洪武六年之舊，不過把原來《箴戒》章改成首章而已。胡惟庸事敗在洪武十三年正月，通倭事發在十九年十月，不應先於洪武六年絕倭！細繹《祖訓》文意，知其大旨不過戒子孫勿務遠略損國威，所列不征之國，亦以其阻絕海洋，不易征服，於胡惟庸事，初無關涉。蓋日本之被列為不征之國事在洪武六年以前，在洪武十九年到二十八年這時期中方把胡惟庸事加入，作為佐證。後來讀史的人不留心，把不征之國和胡惟庸事因《祖訓》先後放在一起，就混為一事，並誤為有因果關係。因胡惟庸獄詞和《大誥》所載，輾轉附會，惟庸之通倭謀逆及明廷因之與日絕交數事，遂成信讞了。

《國朝列卿記》所記全用《實錄》原文，明代向例於《實錄》修成後即焚稿局史館中，不為外人所見。所以後來人的記載大部分可說都是根據《列卿記》這部書。

因為《皇明祖訓》、《大誥》和《實錄》中的記載，出於朝

---

[050] 《大事記》九，封建。
[051] 《大事記》九，高皇帝禦制及纂輯諸書。
[052] 《大事記》九，封建。

廷。後來的史家便都一致相信,以為事實。自鄭曉[053]、郎瑛[054]、章潢[055]、鄧元錫[056]、茅瑞徵[057]、茅元儀[058]、陳仁錫[059]、張復[060]、葉向高[061]、方孔炤[062]、黃道周[063]及《制御四夷典故》[064]諸書,一致以為太祖朝之中日絕交,是因為如瑤貢舶事件;如《蒼霞草》所記:

已復納兵貢艘中助逆臣胡惟庸,惟庸敗,事發,上乃著《祖訓》示後世毋與倭通。

《吾學編》、《制御四夷典故》、《皇明世法錄》、《圖書編》諸書云:

十五年歸廷用又來貢,於是有林賢之獄,曰故丞相胡惟庸私通日本,蓋《祖訓》所謂日本雖朝實詐,暗通姦臣胡惟庸,謀為不軌,故絕之也。是時惟庸死且三年矣。十七年如瑤又來貢,坐通惟庸,發雲南守禦。

渡邊世《室町時代史》(二三五頁)亦謂:

---

[053] 《吾學編》,〈皇明四夷〉上,〈日本〉。
[054] 《七修類稿》卷五,〈日本〉。
[055] 《圖書編》卷五〇,〈日本國〉。
[056] 《皇明書》卷一六六,〈日本傳〉。
[057] 《皇明象胥錄》卷二,〈日本〉。
[058] 《武備志》卷二三〇,〈日本考〉。
[059] 《潛確類書》卷一三,〈日本〉。
[060] 焦竑:《皇明人物考》附錄;張複:《南倭考》。
[061] 《蒼霞草》卷一九,〈日本考〉。
[062] 《全邊略記》卷九,〈海略〉。
[063] 《博物典匯》卷二〇,〈日本〉。
[064] 《制禦四夷典故·日本國考略》。

第四章　胡惟庸黨案的真相

時明胡惟庸謀反，使寧波之指揮官請援於征西將軍。征西府使僧如瑤率精兵四百餘人偽入貢赴之。謀覺，胡惟庸伏誅，逮林賢獄起，我邦通謀事發覺，太祖大怒，爾後一時交通遂絕。

何喬遠[065]、鄭若曾[066]、嚴從簡[067]諸人記林賢與如瑤之事蹟較詳盡，《名山藏‧王享記》云：

丞相胡惟庸得罪懼誅，謀諸倭不軌，奏調金吾衛指揮林賢備倭明州。陰遣宣使陳得中諭賢送日本使出境，則誣指為寇以為功。賢聽惟庸計，事覺，惟庸佯奏賢失遠人心，謫居之倭中。既惟庸請宥賢復職，上從之。惟庸以廬州人李旺充宣使召賢，且以密書奉日本王借精銳人為用，王許之。賢還，王遣僧如瑤等率精銳四百餘人來，詐獻巨燭，燭中藏火藥兵器。比至惟庸已敗，上猶未悉賢通惟庸狀，發四百餘人雲南守禦……十五年惟庸事覺，上追怒惟庸，誅賢磔之。於是名日本曰倭，下詔切責其君臣，暴其過惡天下，著《祖訓》絕之。

所記恰與《大誥》合。《籌海圖編》亦採此說，而誤以胡惟庸為樞密使，為王士騏所譏。[068]且以為先於洪武十六年詔絕日本，二十年如瑤事發，時代與各書歧異。日人辻善之助據之以為懷良親王已於前四年卒，足證使非征西所遣。[069]書得標明日

---

[065]　《名山藏》，〈王享記〉一，〈日本〉。
[066]　《籌海圖篇》卷二。
[067]　《殊域周諮錄》卷二。
[068]　《皇明馭倭錄》卷一。
[069]　辻善之助：《海外交通史話》卷一五，三〇三頁。

三、如瑤藏主之貢舶

使為歸廷用,足補何氏之缺:

> 日本使歸廷用入貢方物,厚賞回還,明州備倭指揮林賢在京隨駕,時交通樞密使胡惟庸,潛遣宣使陳得中密與設謀,令將歸廷用誣為倭寇,分用賞賜。中書省舉奏其罪,流賢日本。洪武十六年詔絕日本之貢。賢流三年,逆臣胡惟庸暗遣人充宣使,私往日本取回,就借練精兵四百,與僧如瑤來獻巨燭,中藏火藥兵具,意在圖亂,上大怒,磔賢於市,乃降詔責其君臣,絕其貢。

《殊域周咨錄》本之,而以為十三年發如瑤雲南守禦,林賢事發則在洪武二十年。日人飯田忠彥[070]、荻野由之[071]、辻善之助[072]、慄田元次及木宮泰彥[073]和德人希泊魯禿(Sicboldt)[074]諸人所記大率根據以上所引。

李開先所記則與諸書微異,其所撰〈宋素卿傳〉云[075]:

> 自洪武年間因胡惟庸通倭密謀進壽燭,內藏刀箭。將夷以銅甑蒸死,絕其進貢。

這是他把永樂三年十一月日本使者自治倭寇的記載[076]和如

---

[070] 《野史》卷二八二,〈外國傳〉一,明上。
[071] 《日本史講話》,五六三頁至五六五頁。
[072] 《海外交通史話》,三〇三頁。
[073] 《綜合日本史概說》三二,〈足利時代之外國關係〉;《中日交通史》下卷,第七章,〈日本使之往來與胡惟庸事件〉。
[074] 《異國叢書》四,〈日本交通貿易史〉,二六三頁。
[075] 李中麓:《閒居集》,文九。
[076] 《明史》卷三二二,〈日本傳〉。

第四章　胡惟庸黨案的真相

瑤貢舶事件混在一起誤為一事的錯誤。

以上諸家所記都屬於胡惟庸使林賢通倭，如瑤偽貢事件。王世貞一流的史家所記，則與此異：

> 日本來貢使，私見惟庸，乃為約其王，令舟載精兵千人，偽為貢者，及期會府中，力掩執上，度可取，取之；不可，則掠庫物泛舸就日本有成約。[077]

以下便接著敘雲奇事件，把這兩件事發生連帶關係。他在另一記載中又說：

> 十三年丞相胡惟庸謀叛，令（日使）伏精兵貢艘中，計以表裏挾上，即不遂，掠庫物，乘風而遁。會事露悉誅。而發僧使於陝西四川各寺中，著訓示後世，絕不與通。[078]

又把這事件和如瑤發生關係。陳仁錫[079]、朱國楨[080]諸人都相信這一說，引為定讞。稍後谷應泰、夏燮等，便兼採兩家矛盾之說，並列諸事，作最完備之記錄。[081]

讀了以上諸家記述之後，最後我們試一持與當時的官書一核，看到底哪些史料是可靠的，哪一些是不可靠的，〈大誥三編〉說：

---

[077]　王世貞：《弇州別集・胡惟庸傳》。
[078]　王世貞：《日本志》。
[079]　《皇明世法錄》卷八五，〈韓國公傳〉。
[080]　《開國臣傳》卷二，〈韓國李公傳〉。
[081]　《明史紀事本末》卷三一，〈胡藍之獄〉；《明通鑒》卷七。

三、如瑤藏主之貢舶

　　前明州衛指揮林賢出海防倭，接至日本使者歸廷用入貢方物。其指揮林賢移文赴都府，都府轉奏，朕命以禮送來至京。廷用王事既畢，朕厚賞令歸，仍命指揮林賢送出東海，既歸本國。不期指揮林賢當在京隨駕之時，已與胡惟庸交通，結成黨弊。及歸廷用歸，惟庸遣宣使陳得中密與設計，令林指揮將廷用進貢舡只，假作倭寇舡只，失錯打了，分用朝廷賞賜，卻仍移文中書申稟。惟庸佯奏林指揮過，朕責指揮林賢就貶日本。居三年，惟庸閣差廬州人充中書宣使李旺者私往日本取回，就借日本國王兵，假作進貢來朝，意在作亂。其來者正使如瑤藏主左副使左門尉右副使右門尉，率精兵倭人帶甲者四百餘名——倭僧在外——比至，胡惟庸已被誅僇，其日本精兵，就發雲南守禦。洪武十九年朕將本人命法司問出造反情由，族誅了當。嗚呼人臣不忠者如此！[082]

又云：

　　其指揮林賢年將六旬，又將輔人為亂，致黔黎之不寧，傷生所在，豈不得罪於天人者乎！遂於十九年冬十月二十五日將賢於京師大中橋及男子出幼者皆誅之，妻妾婢之。[083]

　　我們且不推敲這事件的本身是否可靠，明太祖這樣一個梟桀陰忮的人的一面之詞是否可信，光和其他的記載比較，至少以下幾件事是明太祖或胡惟庸所未曾想及的。這幾點是：

---

[082] 潘檉章：《國史考異》卷二之一三，〈大誥三編〉，三九頁，指揮林賢胡黨第九。
[083] 潘檉章：《國史考異》卷二之一三，〈大誥三編〉，三九頁，指揮林賢胡黨第九。

(一）詐獻巨燭，燭中藏火藥兵器的聰明主意。

(二）日本貢使私見惟庸，約貢千人相助綁票的事。

(三）時間的矛盾。

(四）歸廷用十五年之再貢發覺事。

(五）奏調林賢備倭明州事。

(六）三年前惟庸初由右丞改左，正得寵眷而反懼誅事。

四、胡惟庸之罪狀

洪武十三年正月胡惟庸被誅時的罪狀是：

(一）毒死劉基。

(二）阻隔占城貢使。

(三）私給文臣以沒官婦女。

(四）枉法撓政，朋比為奸。

劉基事據《明史》本傳說：

基在京病時，惟庸以醫來，飲其藥，有物積腹中如拳石。其後中丞塗節首惟庸逆謀，並謂其毒基致死云。[084]

據〈胡惟庸傳〉，則惟庸之毒基，實為太祖所遣：

---

[084]《明史》卷一二八，〈劉基傳〉。

四、胡惟庸之罪狀

御史中丞劉基亦嘗言其短,久之,基疾,上遣惟庸挾醫視,遂以毒中之。

據《行狀》所述,基未死前且曾以被毒狀告太祖,太祖不理:

> 洪武八年正月,胡丞相惟庸以醫來視疾,飲其藥二服,有物積腹中如拳石,遂白於上,上亦未之省也,自是疾遂篤。三月上以公久不出,遣使問之,知其不能起也,特御製文一通,遣使馳驛送公還鄉,里居一月而薨。[085]

即由史臣纂修之《實錄》,也說太祖明知劉基被毒事:

> 御史中丞涂節言前誠意伯劉基遇毒死,廣洋宜知狀。上問廣洋,廣洋對以無是事。上頗聞基方病時,丞相胡惟庸挾醫往候,因飲以毒藥。乃責廣洋欺罔,不能效忠為國,坐視廢興……[086]

由上引諸記載,參以《明史‧劉基傳》所敘胡惟庸與基之宿怨,乘隙中傷,太祖對基懷疑事。可知胡惟庸之毒基,確受上命,所以劉基中毒後,雖質言情狀,亦置不理。並且派人看他會不會死,直到確知他必定要死,方派人送他回家。我們看汪廣洋之死是為涂節告發,胡惟庸之被罪,也和劉基死事牽連,但在宣布胡氏罪狀時,卻始終沒提起這事。由此可見「欲蓋彌彰」,涂節之所以與胡惟庸駢戮東市,其故亦正在是。

關於阻隔占城貢使事,《明史》云:

---

[085] 《皇明名臣琬琰錄》卷七,黃紀委(伯生):〈誠意伯劉公行狀〉。
[086] 《明太祖實錄》卷一二八。

第四章　胡惟庸黨案的真相

洪武十二年占城貢使至都，中書不以時奏，帝切責丞相胡惟庸、汪廣洋，二人遂獲罪。[087]

《實錄》載此事較詳，其文云：

十二年九月戊午，占城國王阿答阿者遣其臣陽須文旦進表及象馬方物，中書臣不以時奏。內臣因出外，見其使者以聞，上亟召見，嘆曰：「壅蔽之害，乃至此哉！」因敕責省臣曰：「朕居中國，撫輯四夷，彼四夷外國有至誠來貢者，吾以禮待之。今占城來貢方物既至，爾宜以時告，禮進其使臣，顧乃泛然若罔聞知，為宰相輔天子出納帝命，懷柔四夷者固當如是耶！」丞相胡惟庸、汪廣洋等皆叩頭謝罪。[088]

《明史》言：「帝怒，切責省臣，惟庸及廣洋頓首謝罪，而微委其咎於禮部，禮部又委之中書，帝益怒，盡囚諸臣，窮詰主者。」

《高皇帝文集》卷七載〈向中書禮部慢占城入貢第二敕〉云：

敕問中書禮部必欲罪有所證。古有犯法者犯者當之，此私罪也。今中書禮部皆理道出納要所，九月二十五日有慢占城入貢事，向及省部，互相推調，朕不聰明，罪無歸著，所以囚省部，概窮緣由，若罪果有所證，則罪其罪者，仍前推調，未得釋免。

---

[087]　《明史》卷三二四，〈占城傳〉。
[088]　《明太祖實錄》卷一二六；《皇明大事記》卷一三四，〈夷朝貢〉。

四、胡惟庸之罪狀

旨意極嚴重,接著就是塗節上變告反,由此可見惟庸已於十二年九月二十五日下獄,到十二月又發生汪廣洋妾陳氏從死事,再下法司取勘,塗節窺見太祖有欲殺之意,逢迎上變,遂於次年正月被誅。

庚午詔書中所指的「枉法朋比」,《明史》所記無實事可徵。李善長獄後數年方發覺,此時當不能預為周納。唯吳伯宗事別見其本傳云:

> 胡惟庸用事,欲人附己,伯宗不為屈。惟庸銜之,坐事謫居鳳陽,上書論時政,因言惟庸專恣不法,不宜獨任,久之必為國患,辭甚剴切。帝得奏召還,賜衣鈔。[089]

則伯宗自以坐事謫徙,亦未嘗得「危禍」也。劉崧事見《高皇帝文集》七〈召前按察副使劉崧職禮部侍敕〉云:

> 奸臣弄法,肆志跳梁,擬卿違制之責。邇者權奸發露,人各伏誅。卿來,朕命官禮部侍郎,故茲敕諭。

其朋比事,當時人的記載,《國初事蹟》中,有這樣一條:

> 楊憲為御史中丞。太祖嘗曰:「楊憲可居相位。」數言李善長無大才。胡惟庸謂善長曰:「楊憲為相,我等淮人不得為大官矣。」憲因劾汪廣洋不公不法,李善長奏排陷大臣,放肆為奸等事,太祖以極刑處之。[090]

---

[089] 《明史》卷一三七,〈吳伯宗傳〉。
[090] 劉辰:《國初事蹟》(《金華叢書》本)。

第四章　胡惟庸黨案的真相

劉辰曾佐太祖戎幕，所記當得之見聞，較可徵信。且善長、惟庸均為淮人，惟庸之進用，又為善長所援引，為保全祿位樹立黨援計，其排斥非淮系人物，又為勢之所必至。不過據這一條史料的引證，也僅能證明惟庸之樹黨而已。《高皇帝文集》卷十六〈跋夏珪長江萬里圖〉文中有指摘惟庸受贓語，不過盡他所能指摘的也還不過是一幅不甚著名的圖。其文云：

洪武十三年春正月奸臣胡惟庸權奸發露，令法司捕左右小人詢情究源，良久，人報左丞贓貪淫亂甚非寡慾。朕謂來者曰：果何為實，以驗贓貪？對曰：前犯罪人某被遷，其左相猶取本人山水圖一軸，名曰〈夏珪長江萬里圖〉。朕猶未信，遣人取以驗，去不逾時而至，籲！微物尚然，受贓必矣。

促成惟庸謀反的動機，據《明史》說是：

會惟庸子乘馬於市，墮死車下，惟庸殺輓車者，帝怒，命償其死。惟庸請以金帛給其家，不許。惟庸懼，乃與御史大夫陳寧、中丞塗節等謀起事，陰告四方及武臣從己者。

此文全據《實錄》，而略其下一段。今補列如下：

上日朝，覺惟庸等舉措有異，怪之，塗節恐事覺，乃上變告。[091]

據上文所申述，我們知道惟庸於十二年九月下獄取勘，《實錄》所記太祖自己在朝堂上覺察惟庸舉措，事實上為不可能。

---

[091]　《明太祖實錄》卷一二九。

四、胡惟庸之罪狀

《憲章錄》[092]、《皇明法傳錄》[093]諸書因其矛盾，捨去不錄，《明史》因之。我們如再細心檢討一下，就可以知道不但《實錄》之事後增飾和《明史》諸書之截短取長是靠不住，即其所記之惟庸子死事，也是同樣叫人不敢相信。如王世貞記惟庸獄起前之所謂促成謀反之動機云：

> 會其家人為奸利事，道關榜辱關吏，吏奏之，上怒，殺家人，切責，丞相謝不知乃已。
>
> 又以中書違慢，數詰問所由。惟庸懼，乃計曰：「主上魚肉勳舊臣，何有我耶！死等耳，寧先發，毋為人束，死寂寂。」[094]

同樣是在敘述同一事件，並且用同一筆法，但所敘的事卻全不相符，一個說是惟庸子死，一個說是惟庸家人被誅。顯見這兩種不同的記載是出於兩種不同的來源，由此又可知胡惟庸事件在明嘉靖以前是怎樣一個紛亂矛盾的樣子了。

《高皇帝文集》卷七有〈諭丞相枉序班敕〉，所謂丞相當即指惟庸言，但細繹敕意，亦只是責其刑罰不中而已。敕云：

> 傳曰：刑罰不中，則民無所措手足。今日序班奏，昨晚一使自山西至，一使自太倉來省，引進將至與姓名，且曰郎中教只於此處候丞相提奏引見，已而終不見，郎中復喚，於是不敢引見，是有丞相怪責，不由分訴，刑及二十而膚開，甚枉之。

---

[092] 薛應旂：《憲章錄》卷七。
[093] 陳建：《皇明法傳錄》卷七。
[094] 《國朝獻徵錄》卷一一。

第四章　胡惟庸黨案的真相

因序斑奏枉,試釋之,若為上者教人正其事而後罪人不行,此果刑罰之中乎?

總之,在上文所引述的史料中,我們找不出有「謀反」和「通倭」、「通虜」的具體的記載。這正好像一個故事,時代越後,故事的輪廓便越擴大,內容也越充實。到了洪武二十三年後胡惟庸的謀反便成鐵案,裝點得有條有理了。錢謙益引《昭示奸黨三錄》說:

自洪武八年以後,惟庸與諸公侯約日為變,殆無虛月,或候上早朝,則惟庸入內,諸公侯各守四門,或候上臨幸,則惟庸扈從,諸公侯分守信地,皆聽候惟庸調遣,期約舉事。其間或以車駕不出而罷,或以宿衛嚴密,不能舉事而罷,皆惟庸密遣人麾散,約令再舉,五年之中,期會無慮二百餘。[095]

考〈太祖本紀〉胡惟庸以洪武六年七月壬子任右丞相,十年九月辛丑改左。[096] 其時惟庸正被恩眷,得太祖信任。《高皇帝文集》二載是時《命丞相大夫詔》:「朕平天下之初,數更輔弼,蓋識見淺薄,任非其人。前丞相汪廣洋畏懦迂滑,其於申冤理枉,略不留意。以致公務失勤,乃黜為嶺南廣省參政,觀其所施,察其自省。今中書久闕丞相,御史臺亦闕大夫,揆古稽今,誠為曠典,特命左丞相胡惟庸為中書右丞相,中丞陳寧為右御史大夫。且惟庸與寧自廣洋去後,獨署省臺,協誠匡濟,舉直措

---

[095] 《太祖實錄辨證》卷三。
[096] 《明史》卷二,〈太祖本紀〉二。

枉,精勤不怠,故任以斯職。播告臣民。」云云。據《奸黨錄》所言,則不特《實錄》所記惟庸諸謀叛動機為子虛,即明人諸家所言亦因此而失其立足點。因為假使惟庸已蓄意謀叛,其行動且早至被誅之五年前,且屢試屢敗,則何以史文又曲為之隱?於《奸黨三錄》所云「五年之中期會為變無慮二百餘次」一事至不著一字!何以《明史》及《弇州別集》諸書僅著其「以祥瑞自喜有異謀」、「令費聚陸仲亨收集軍馬」、「收集亡命」、「通倭歙虜」、「被責謀起事」諸近疑似曖昧之刑法上所謂「意圖」的記載,而及略其主要之已舉未遂行為!

　　《實錄》記李善長獄事,尤曖昧支離,使人一見即知其捏造。蓋其所述謀反情事,皆援據當時獄辭,其不可信,又無待究詰。且即以所敘和《昭示奸黨錄》所條列善長諸招一校,亦有未核。[097]《實錄》云:

　　太僕寺丞李存義者,善長之弟,惟庸之婿父也。以親故往來惟庸家。惟庸令存義陰說善長同起,善長驚悸曰:「爾言何為者!若爾,九族皆滅。」存義懼而去,往告惟庸,惟庸知善長素貪,可以利動。後十餘日,又令存義以告善長,且言事若成,當以淮西地封公為王,善長雖有才能,然本文吏計深巧,佯驚不許,然心頗以為然,又見以淮西之地王己,終不失富貴,且欲居中觀望,為子孫後計,乃嘆息起曰:「吾老矣,由爾等所為。」存義還告,惟庸喜,因過善長,善長延入,惟庸西面坐,

---

[097] 《有學集》卷一〇四。

第四章　胡惟庸黨案的真相

善長東面坐，屏左右欸語良久，人不得聞，但遙見領首而已。惟庸欣然就辭出，使指揮林賢下海招倭軍約期來會，又遣元臣封績致書稱臣於元，請兵為外應。[098]

《明史》別據明人所記以為說善長以封王者為其故人楊文裕。[099] 於其冤抑，特載解縉所代草之王國用奏疏剖解甚明。[100] 錢謙益據當時招辭謂：

洪武十年九月惟庸以逆謀告李存義，使陰說善長，未得其要領。乃使其舊人楊文裕許以淮西地封王，是年十一月，惟庸親往說善長，善長猶趑趄未許，即國史所記惟庸西面坐善長東面坐者是也。然此時善長未許，至十二年八月，存義再三往說，善長始有：我老了你每自做之語。[101]

在上載的兩項檔案的矛盾中，最顯著的是時間問題。《實錄》說惟庸幾經遊說善長，得其讚許後，方進行通倭欸虜二事，《實錄辨證》據當時口供考定為洪武十二年八月事。惟庸被誅在次年正月，離定謀只是五個月間的事。下獄在九月，離定謀更僅一月。據《明史·日本傳》、《名山藏·王享記》、《籌海圖編》諸記載，惟庸先遣林賢為明州衛指揮，再佯奏其罪謫日本，使交通其君臣，再請宥賢復職，以李旺召之，且以密書奉日本王借精銳人為用。然後有如瑤藏主之貢舶事件。林賢在日本的時

---

[098] 《明太祖實錄》卷一二九。
[099] 《明史》卷一二七，〈李善長傳〉。
[100] 《明史》卷一二七，〈李善長傳〉。
[101] 《太祖實錄辨證》四。

四、胡惟庸之罪狀

間,〈大誥三編〉和《籌海圖編》都說是三年。其回國在洪武十六年後,這當然是不可靠。(鄭若曾連胡惟庸卒年都弄不清楚,以為是洪武二十年間事。)不過無論如何,照那時代的航海情形,這一來一往總非一二月可辦。據雷禮記如瑤第一次來華之時日為洪武十四年七月戊戌[102],正值惟庸敗後一年,事頗巧合。不過我們所注意的是胡惟庸能否在死後再派人去召回林賢,在定謀和被誅的五個月中要容納至少要三年以上的時間才辦得到的事實是否可能?通倭事發的年月據《明史》說是在洪武十九年十月,但除當時的官書《大誥》外,我們翻遍《實錄》也找不出有這項記載的存在。即在錢謙益所引胡黨供詞中亦不及此事。同時在日本方面,除了引徵中國的記載外,亦不著如瑤使節之任何事實。甚至在中日雙方的若干記載中,有的連日本使者和派遣者的本身都有無數異說。這到底是什麼緣故呢?很明顯的,此種不被當事人所注意的時間問題,因為事實的本身,出於故意捏造或附會,事後編制,只圖假題入罪,便不能顧及時間上的衝突。更因為所附會周納的故事見於朝廷所頒發的《大誥》,大家不敢不相信,載諸記錄,因訛傳訛,遂成鐵案了。

惟庸私通外夷的第二件事是通虜。《明史》說:

遣故元臣封績致書稱臣於元嗣君,請兵為外應……二十一年藍玉征沙漠,獲封績,善長不以奏,至二十三年五月事發,捕績下吏,訊得其狀,逆謀大著。

---

[102] 《皇明大政記》卷三。

第四章　胡惟庸黨案的真相

〈李善長傳〉亦言：

> 將軍藍玉出塞至捕魚兒海，獲惟庸通沙漠使者封績，善長匿不以聞。

嗣後王世貞[103]、朱國楨[104]諸人所記，均據之以封績為元臣或元遺臣。這一些記載的根據都很有來歷，《實錄》記：

> 封績河南人，故元臣來歸，命之官，不受，遣還鄉又不去，謫戍於邊，故惟庸等遺書遣之。惟庸誅，績懼不敢歸，藍玉於捕魚兒海獲績，善長匿不以奏。

按《昭示奸黨錄》所載封績供詞：

> 封績招云：「績係常州府武進縣人。幼係神童。大軍破常州時被百戶擄作小廝，拾柴使喚。及長，有千戶見績聰明，招為女婿。後與妻家不和，被告發遷往海南住。因見胡、陳擅權，實封言其非；為時中書省凡有實封到京，必先開視，其有言及己非者即匿不發，仍誣罪其人。胡丞相見績所言有關於己，匿不以聞，詐傳聖旨，提績赴京，送刑部鞫問坐死。胡丞相著人問說，你今當死，若去北邊走一遭，便饒了你。績應允，胡丞相差宣使送往寧夏耿指揮（忠）、居指揮、於指揮（琥）、王指揮等處，耿指揮差千戶張林、鎮撫張虎、李用轉送亦集乃地面，行至中途，遇達達人愛族保哥等就與馬騎，引至火林，見唐兀不花丞相，唐兀不花令兒子莊家送至哈剌章蠻子處，將胡丞相

---

[103]《弇州別集・李善長傳》。
[104]《開國臣傳》卷二，〈韓國李公傳〉。

消息備細說與：著發兵擾邊，我奏了將京城軍馬發出去，我裡面好做事。」

《國史考異》二引《庚午記書》亦云：

於琥（都督於）顯男。先在寧夏任指揮時，聽胡、陳分付，囚軍封績遞送出京，往草地裡通知消息。後大軍克破胡營，獲績究問，二人反情，由是發覺。

與《實錄》、《明史》、《弇州別集》、《開國臣傳》及明代諸記載家如黃金[105]、陳仁錫[106]、何喬遠、雷禮諸人所言無一相合。由是知不但封績非元臣，非河南人，非胡惟庸親信，且與李善長亦始終無涉。不但上述諸正史及野記無一可信，即上引之封績供詞亦不必實有，因為明代兵制初不集中兵力於首都，而於沿邊要隘及內部衝區設衛分鎮，明初尤重視北邊防務，以燕王棣守北邊，隸以重兵，自後九邊終明一代為防虜重鎮。即有侵軼，初無用於京軍之調動，假使真有封績使元這一件事，胡惟庸自身任軍國大政，反說出這樣荒謬絕倫的話，理寧可通！

由上引證，可知所謂通倭通虜都是「莫須有」的事。上文曾說過：胡惟庸事件正像一個在傳說中的故事，時間越後，故事的範圍便越擴大。根據這個原則，我們試再檢校一下胡惟庸私通外夷這一捏造的故事的範圍的擴大。

在時代較前的記載中，胡惟庸私通外夷的範圍，僅限明代

---

[105] 黃金：《皇明開國功臣傳》卷一，〈李善長傳〉。
[106] 《皇明世法錄》卷八五，〈韓國公傳〉。

第四章　胡惟庸黨案的真相

一代所視為大患的「南倭北虜」。稍後便加上一個三佛齊,再後又加上一個卜寵吉兒,最後又加上一個高麗。

《太祖實錄》洪武三十年中,載胡惟庸通三佛齊事:

三十年,禮部奏諸番國使臣客旅不通。上曰:「……近者安南、占城……西洋、邦嗒剌等凡三十國,以胡惟庸謀亂,三佛齊乃生間諜,紿我使臣至彼。爪哇國王聞知其事,戒飭三佛齊,禮送還朝。是後使臣商旅阻絕,諸國王之意,遂爾不通……」

於是禮部咨暹羅王曰:「……我朝混一之初,海外諸番莫不來庭。豈意胡惟庸造逆,通三佛齊,乃生間諜,紿我信使,肆行巧詐……可轉達爪哇,俾以大義告於三佛齊,三佛齊原係爪哇統屬,其言彼必信,或能改過從善,則與諸國咸禮遇之如初,勿自疑也。」[107]

永樂五年詔敕陝西官吏,又有通卜寵吉兒事:

八月敕陝西行都司都司都指揮陳敬等及巡按監察御史,禁止外交。

上曰:「臣無外交,古有明戒,太祖皇帝申明此禁,最為嚴切。如胡惟庸私往卜寵吉兒,通日本等處,禍及身家,天下後世,曉然知也……」[108]

高岱記太祖朝事,說胡惟庸和高麗也有關係:

---

[107]　《明太祖實錄》;《皇明大事記》卷一三;《皇明馭倭錄》卷一。
[108]　塗山:《明政統宗》卷七。

十七年甲子三月上因高麗使來不遵臣禮，以賄結逆臣胡惟庸，事覺，遣其使還。以敕諭遼東守將唐勝宗、葉升，令絕高麗，勿通使命。[109]

這樣，胡惟庸私通外夷，東通日本高麗，西通卜寵吉兒，南通三佛齊，北通沙漠，東西南北諸夷，無不與胡惟庸之叛逆，發生關係。

五、明初之倭寇與中日交涉

如瑤貢舶事件，記載紛紜，多不可信。舉其矛盾處之顯著者如使節之派遣者或以為征夷將軍源義滿，或以為征西將軍懷良親王。明人如鄭曉[110]、雷禮[111]、章潢[112]、何喬遠[113]、李言恭[114]、陳仁錫[115]、王士騏[116]、鄧元錫[117]、茅瑞徵[118]、嚴從簡[119]、方孔

---

[109] 高岱：《鴻猷錄》卷六。
[110] 《吾學編・大政記》一；《皇明四夷考》上，「日本」。
[111] 《皇明大政記》卷三。
[112] 《圖書編》卷五〇，〈日本國考〉。
[113] 《名山藏・王享記》一，〈日本〉。
[114] 〈日本國考〉卷二，〈朝貢〉。
[115] 《皇明世法錄》卷七五，〈海防・日本〉。
[116] 《皇明馭倭錄》卷一。
[117] 《皇明書》卷一六六，〈日本傳〉。
[118] 《皇明象胥錄》卷二，〈日本〉。
[119] 《殊域周諮錄》卷二。

第四章 胡惟庸黨案的真相

炤[120]諸人均以為助胡惟庸謀逆者為懷良親王。茅元儀、葉向高諸人則以為派遣如瑤來華者為征夷將軍。〈日本考〉云：

> 十三年再貢皆無表，以其征夷將軍源義滿所奉丞相書來，書倨甚，命錮其使。明年復貢，命禮臣為檄，數而卻之。已復納兵貢艘中助逆臣胡惟庸。惟庸敗，事發，上乃著《祖訓》示後世，毋與倭通。[121]

此以貢舶之來為在十四年後，時胡惟庸已死垂二年，葉向高所記全同。[122] 日人松下見林採其說，謂：

> 明太祖答日本征夷大將軍曰「前奉書我朝丞相」，丞相謂胡惟庸也。又《武備志》曰：「征夷將軍源義滿所奉丞相書來，已復納兵貢艘中助胡惟庸。」觀此則義滿助胡惟庸者也。[123]

荻野由之反之，肯定如瑤為懷良所遣。[124] 希泊魯禿則不特堅持懷良遣使之說，且著其遣使之年為元中元年（洪武十七年，西元1384年）並云：

> 胡之謀圖被發覺，誅三族，如（即如瑤，刊訛）不知入明，故被捕流雲南，數年之後，被宥歸國。[125]

小林博氏亦主是說，且記此陰謀之發覺時間為弘和二三年

---

[120] 《全邊略記》卷九，〈海略〉。
[121] 《武備志》卷二三，〈四夷〉八。
[122] 《蒼霞草》卷一九，〈日本考〉。
[123] 《異稱日本傳》卷中八，頁四十六。
[124] 《日本史講話》，頁五六三至五六五頁。
[125] 〈日本交通貿易史〉，頁二六三（「異國叢書」本）。

間（明洪武十五六年，西元 1382～1383 西元）。[126] 辻善之助則誤據《籌海圖編》所記，以貢舶為洪武二十年事，而斷云：

> 時懷良親王死已四年，良成親王繼任，無出兵海外之餘裕，此事恐為邊陲倭寇之首魁所為。[127]

他知道懷良的卒年，因以斷定貢舶非其所遣，同時他卻忘記了胡惟庸也已死了八年，這事如何能同胡惟庸發生關聯！木宮泰彥亦主二十年之說，且以懷良之遣使事為必有。他說：

> 此所指日本國王係指懷良親王，細讀《明史》，自能了解。此事不見於日本國史，但弘和元年曾有為親王使者抵明之僧，由當時親王對明之強硬態度，與弘安以來養成之冒險的風氣推之，想必有此事也。[128]

所說純據想像，虛構樓閣，不足置信。

在另一方面的各家記載分歧，也不一而足，如如瑤貢舶所納兵士或以為四百人（《名山藏》、《明史》諸書），或以為千人（《弇州別集》、《獻徵錄》諸書）；通倭之經過，或以為使林賢下海招約（《明史》），或以為適日本貢使來因與私約（《弇州別集》）；林賢獄具或以為在洪武十九年十月（《明史》），或以為在洪武十五年（《皇明書》、《制御四夷典故》、《皇明世法錄》），或以為在二十年（《殊域周咨錄》）；如瑤末次來華或以為在十七

---

[126] 《詳說日本歷史》，二八五頁。
[127] 《海外交通史話》，三〇三頁。
[128] 《日支交通史》下，〈征夷府與明朝之交涉〉。

第四章　胡惟庸黨案的真相

年(《皇明書》),或以為在十九年(《大政記》),或以為在二十年(《籌海圖編》);如瑤末次來華之謫徙地方或以為發陝西(《明史紀事本末》),或以為發雲南(《名山藏》、《殊域周咨錄》),或以為發川陝(《日本國誌》);如瑤所率精兵或以為盡被誅夷(《獻徵錄》、《明史紀事本末》),或以為盡發雲南守禦(《皇明書》、《名山藏》)。種種歧異矛盾,指不勝屈。

如瑤貢舶事在《日本國史》既無足徵,中籍所記又荒唐如此,由此可知這本是一件莫須有的事,如瑤即使真有其人,也不過只是一個通常的使僧,或商販,和胡惟庸黨案根本無關。

向來中日兩方的記載都以為明國中日絕交的主要原因是如瑤貢舶事件。上文既已論及如瑤貢舶之莫須有,以下試略一述中日初期交涉之經過,以說明其絕交前後之情勢,從反面證明在此情勢中實無容納如瑤貢舶事件之可能。

明國中日兩方之所以發生外交關係的原因,在中國方面是因為倭寇出沒,請求制止,在日本方面則可說完全是基於經濟的關係。

《明史》說:

明興,高皇帝即位,方國珍、張士誠相繼誅服,諸豪亡命往往糾島人入寇山東濱海州縣。[129]

日本在王朝之末,紀綱大亂,瀨戶內海,海賊橫行,至鎌

---

[129]　《明史》卷三二二〈日本傳〉,卷九一〈兵志〉;《閩書》卷一四六,〈島夷志〉。

倉時代不絕。南北爭亂之頃，其勢逾逞。伊豫之住人村上三郎左衛門義弘者統一近海海賊為之首長，義弘死後，北昌顯家之子師清代為首長，率其黨以掠奪為事。[130] 入寇者以薩摩、肥後、長門、三州之人居多，其次則大隅、築前、築後、博多、日向、攝摩、津州、紀伊、種島，而豐前、豐後、和泉之人亦間有之，蓋因商於薩摩而附行者，其來或因貢舶，或因商舶。[131] 隨風所之，南至廣東，北至遼陽，無不受其荼毒。[132] 由是海防成明代大政，設戍置寨，巡捕海倭，東南疲於奔命。[133]

明廷要解決倭患，只有三個辦法：上策是用全國兵力，併吞日本以為藩屬，倭患不掃自除。中策是以恩禮羈縻，示以小惠，許以互市，以其能約束國人為相對條件。下策是不征不納，取閉關政策。努力防海，制止入犯。在這三個辦法中，最難辦到的是下策。因為中國海岸線延長二萬里，倭寇可以隨處侵入，中國卻沒有這財力和兵力來到處設防，即使可能，兵力太單薄了也不濟事。上策也感覺困難，因為中國是一個大陸國，沒有強大的海軍，要征服這一倔強的島國，簡直辦不到。並且基於過去隋、元二代的歷史教訓，也不敢輕易冒這大險。元吳萊曾作了一篇〈論倭〉的文章，反覆地說明伐倭之無益和大海之阻隔，要征服它是不可能的事。他建議應當遣使往諭，以

---

[130] 渡邊世祐：《室町時代史》，二三四頁；《日本海上史論·日明交通與海賊》。
[131] 《圖書編》卷五〇，〈日本國序〉。
[132] 李言恭：〈日本考〉。
[133] 《明史》卷九一，〈兵志〉。

第四章 胡惟庸黨案的真相

外交的手腕去解決倭寇問題。[134] 這篇文章影響到明代的對日政策,明太祖差不多全盤地接受了他對元朝的勸告和建議,毅然地拋棄上策,把日本列為十五不征之國之一,著在《祖訓》。

但是,一個國家要能行使它的統治權,先決問題是這個國家的統一。不幸在這時期,日本國內卻陷於南北分裂的對峙局面,政治上的代表人物,在北朝是征夷將軍源義滿,在南朝是征西將軍懷良親王,北朝雖願和中國通商,解決它財政上的困難,南朝卻以倭寇為利,且以政治地位的關係,也不肯讓北朝和明有任何外交關係。以此,明廷雖經幾度的努力,終歸無效,結果仍不得不採取下策,行閉關自守之計。

第一次的倭寇交涉完全是恐嚇性質,洪武二年三月明廷派吳用、顏宗魯、楊載、吳文華使日,到征西府責以倭寇責任詔書云:

……間者山東來奏,倭兵數寇海邊,生離人妻子,損害物命,故修書特報正統之事,兼諭越海之由。詔書到日,如臣奉表來庭,不臣則修兵自固,永安境土,以永天休。如必為寇盜,朕當命舟師揚帆諸島,捕絕其徒,直抵其國縛其王,豈不代天伐不仁者哉!唯王圖之。[135]

懷良的答覆是殺明使五人,拘留楊載、吳文華兩人三個月方才放回。[136]

---

[134] 《續文章正宗》卷五,吳萊:〈論倭〉。
[135] 何喬遠:《閩書》卷一四六,〈島夷志〉;《皇明馭倭錄》卷一。
[136] 《修史為征》卷一,〈大明皇帝書〉。

三年三月又作第二次交涉,以萊州府同知趙秩往諭,委婉勸導中含有恐嚇的意味,詔書說:

……蠢爾倭夷,出沒海濱為寇,已嘗遣人往問,久而不答,朕疑王使之故擾我民,今中國奠安,猛將無用武之地,智士無所施其謀,二十年鏖戰精銳,飽食終日,投食超距,方將整飭巨舟,致罪於爾邦,俄聞被寇者來歸,始知前日之寇,非王之意,乃命有司暫停造舟之役。

嗚呼!朕為中國主,此皆天造地設,華夷之分。朕若效前王恃甲兵之眾,謀士之多,遠涉江海,以禍遠夷安靖之民,非上帝之所託,亦人事之不然。或乃外夷小邦故逆天道,不自安分,時來寇擾,此必神人共怒,天理難容,征討之師,控弦以待;果能革心順命,共保承平,不亦美乎!……[137]

一面又派前曾使日之楊載送還捕獲之日本海賊僧侶十五人,想用示惠的手腕,使日本自動地禁捕倭寇。[138] 這一次的交涉,總算博得相當的成功。洪武四年十月懷良遣其臣僧祖來進表箋,貢方物,並僧九人來朝。又送至明州、臺州被擄男女七十餘口。[139]

日使祖來到南京後,明廷向之經過幾度的諮詢,才恍然知日本國內分裂情形,懷良並非日本國王,以前幾次的交涉,不

---

[137] 《皇明馭倭錄》卷一。
[138] 《修史為征》卷一,〈大明皇帝書〉。
[139] 《皇明馭倭錄》卷一;《明史‧日本傳》。

第四章　胡惟庸黨案的真相

幸都找錯了對手。[140]

明廷於是改變方針,想和北朝直接交涉。洪武五年五月特派僧仲猷祖闡、無逸克勤為使,以日僧椿庭海壽、權中巽為通事,使者一行八人,送祖來回國。[141]先是建德二年(洪武四年)肥後守菊池武光,奉懷良親王起兵謀復築紫,與今川貞世(了俊)戰於鎮西,敗績,貞世尋為鎮西探題,勢力方盛。[142]懷良由博多移於肥後之菊池。[143]明使一登岸,新設的北朝守土官見其與祖來同來,以為是征夷府向中國乞師回來的使節,因加以拘辱。[144]不久即遣送至京,滯留二月,始就歸途。[145]途經征西府,懷良憤其祕密入京,及頒示大統曆有使奉正朔之意,復加拘辱。[146]七年五月始還南京。[147]

這一次對北朝交涉的結果,北朝因連年征戰,帑藏奇絀,正盼能和中國通商,解決財政上的困難,所以明使一至京,便完全容納禁倭之請,一面因征西府梗中日商道,派兵來攻。[148]一面派僧宣聞溪(揔州太守圓宣)淨業喜春備方物來貢,又送還所擄中國及高句麗民百五十人。這是征夷府第一次遣明的使

---

[140]　瑞溪周鳳:《善鄰國寶記》上。
[141]　《皇明馭倭錄》卷一;《明史・日本傳》。
[142]　《日本外史》卷七,〈足利氏〉上。
[143]　《阿蘇文書》。
[144]　宋濂:《翰苑續集》卷七,〈送無逸勤公出使還鄉省親序〉。
[145]　《花營三代記》。
[146]　木宮秦彥:《日支通交史・征西府與明朝之交涉》;《明史・日本傳》。
[147]　《明史・日本傳》。
[148]　《日本外史》卷五,〈楠木氏附北昌氏〉。

節，不幸因無正式國書，征南之舉又失敗，道路不通，被明廷疑為商人假冒，以拒絕接待。[149]

同年大隅守護之島津氏久和征西府之菊池武政都遣使來貢，冀圖通商，明廷以其非代表國家，且不奉正朔，均卻之。又以頻入寇掠，命中書移牒責之。[150]

洪武八年七月征西府遣僧延用文圭（歸廷用，圭廷用）奉表貢馬及方物，表詞倔強負固。[151] 此時明廷對日方有進一步之了解，他們知道日本南朝在利用倭寇，萬不肯加以禁止，自閉財源。北朝雖極盼通商，並願禁倭，但為南朝所阻，無力制止，其他派使入貢者又全是不能代表政府的大名藩士和唯利是圖的商人。外交解決的途徑至此全窮，在事實上不能不放棄中策，予日本以經濟上的封鎖，一面嚴修海防為自衛之計了。

明廷雖已決計絕日，但在表面上仍和日本派來的正式使節虛與委蛇，希望能得外交上的轉機。洪武十三四年間和征夷、征西兩方打了幾次筆墨官司。[152] 征西府的挑戰倔強態度，給明廷以極大的侮辱。明廷極力容忍。[153] 以後通使較稀，但仍未完全斷絕外交關係。西元 1383 年懷良親王死，北朝勢旺，忙於國內之統一運動，和明廷的關係因之暫時停止。

---

[149]《明史・日本傳》；《大明會典》卷一○五，主客清吏司。
[150]《皇明馭倭錄》卷一；《明史・日本傳》。
[151]《皇明馭倭錄》卷一。
[152]《明太祖實錄》卷一三二；《明太祖文集》二，卷一六〈設禮部問日本國王，日本將軍〉。
[153]《明史・日本傳》。

第四章 胡惟庸黨案的真相

根據以上簡約的敘述,可知明初即已列日本為十五不征之國之一,其地位和朝鮮、安南、爪哇、渤泥諸國同。明廷之所以決意絕日的原因是倭寇頻繁,日政府不能禁止,無再向請求或恫嚇之必要。且絕日的動機肇於洪武八年,在三次交涉失敗之後,在胡惟庸死前五年。胡氏死後中日亦未完全斷絕國交,時有使節往來。洪武十九年後的中日關係疏淡,則以倭患較稀,日本國內政治勢力發生變化之故。由此可知一切關於胡惟庸和明國中日國際關係之傳說,均係向壁虛造,毫無根據。

■ 六、胡惟庸黨案之真相

據上文所論證,我們知道關於中日關係部分:

(一)明初明廷通好日本的真正原因,純為請其禁戢倭寇。在日本方面,征西府借海賊寇掠所得支撐偏局,一面虛與明廷委蛇,借得賞賜貿易之大利,故態度倔強,有恃無恐。征夷府亟盼能和明廷締結正當的外交關係,盼能因而達通商的願望,但因政局不統一,且阻於南朝之割據,沒有禁倭的力量。兼之明廷數度來日的使節,都因不明國情而發生嚴重的誤會。日本使節則因其非代表整個國家,不能禁倭,且有時無正式國書和商人冒名入貢因而入寇的暌隔,使明廷不敢接待。在明初十數年中雖努力交涉,用盡外交上恫嚇講理示惠的能事,但倭寇仍

不因之少減,對方仍蠻不講理,明廷不得已,改採下策,卻仍藕斷絲連,企圖貫徹前策。

(二)明太祖列日本於十五不征之國,事在洪武六年以前,和如瑤貢舶及絕交事根本無關。

(三)如瑤貢舶事純出捏造。即使有如瑤其人,亦與胡案無任何連屬。

(四)林賢下海招倭事,據記載上之矛盾及時間上之不可能,亦可決為必無。雖證出官書,不足置信。

關於胡案部分:

(一)雲奇事件出於中人附會,也許即由邵榮謀叛事轉訛。

(二)劉基被毒,出於明太祖之陰謀。胡惟庸舊與劉基有恨,不自覺地被明太祖所利用,胡下獄後塗節窺見明太祖欲興大獄之意旨因以此上告,商暠亦受朝廷指,發其陰事,胡案因起。同時塗節等因觸明太祖私隱,亦被殺滅口。

(三)占城貢使事及汪廣洋妾從死事都只是胡惟庸和廷臣連帶下獄的偶然口實,不過藉此使人知胡失寵,無形中示意言官使其攻擊胡氏,因以羅織成獄的一個過程而已。

(四)李善長獄與封績使元事根本無關係。《明史》諸書所記封績事最荒謬不可信。李善長之被株連,其冤抑在當時解縉所代草之王國用疏辭辨之甚明。

胡惟庸的本身品格,據明人諸書所記是一個梟獝陰險、專

第四章　胡惟庸黨案的真相

權樹黨的人。以明太祖這樣一個十足自私慘刻的怪傑自然是不能相處在一起。一方面深慮身後子懦孫弱，生怕和他自己並肩起事的一般功臣宿將不受制馭，因示意廷臣，有主張地施行一系列的大屠殺，胡案先起，繼以李案，晚年太子死復繼以藍案。胡惟庸的被誅，不過是這一大屠殺案的開端。

胡案的組織過程，根據當時的公私記載，很清楚地擺露在我們的面前。在胡案初起時胡氏的罪狀只是擅權植黨，這條文拿來殺胡惟庸有餘，要用以牽蔓諸勛臣宿將卻未免小題大做。在事實上有替他製造罪狀的必要。明代的大患是南倭北虜，人臣的大罪是結黨謀叛，於是明太祖和他的祕書們便代替胡氏設想，巧為造作，弄一個不相干的從未到過北邊的江蘇人封績，叫他供出胡惟庸通元的事蹟，算作胡黨造反的罪狀。後來又覺得有破綻，便強替封績改籍為河南人，改身分為元遺臣，又叫他攀出李善長，引起第二次屠殺。一面又隨便揀一個黨獄中人林賢，捏造出一串事蹟，算他通倭。恰巧胡惟庸死後不久，日使或日商來華因無國書被明廷詰責，他們就把這兩件事併為一事，裝點成有因果關係，再加上洪武六年前所纂的《皇明祖訓》中的文證，這反情便成鐵案了。同時中日關係因倭寇問題惡化，明廷感於外交的失敗，不得不採取下策，閉關自守，卻又不願自承失敗，貽譏藩屬，就大事宣傳名正言順地把絕倭的責任委在莫須有先生的如瑤頭上。為取信於天下後世計，又把事特別寫在《大誥》中叫全國人讀，一面又在《祖訓》首章加入小

注,於是胡惟庸之通虜通倭,成為信讞,明廷也從此脫卸了外交失敗的恥辱。

除上文所說的政治的國際的關係之外,胡案構交的因素,還有經濟的階級的關係在鼓動著。

明初連年用兵,承元疲敝之後,益以兵荒天災,國庫奇絀。一面又因天下未定,不得不繼續用兵。明太祖及其部屬大抵都出身卑賤,自來就不滿於一般專事剋削的地主鉅商,因此除不斷用徙富民的政策以奪其田產以益軍實外,又不斷地尋出事來擇肥而噬,屢興大獄的目的只是措財籌款,最顯著的如《明史·刑法志》所記郭桓事件:

郭桓吏部侍郎也。帝疑北平二司官吏李彧、趙全德等與桓為奸利,自六部左右侍郎下皆坐死。贓七百萬,詞連直省諸官吏,繫死者數萬人,核贓所寄借遍天下,民中人之家大抵皆破。

只是一疑心,就籌出七百萬的大款,這是一條最便利的生財大道。又如空印事件:

十五年空印事發。每歲布政司府州縣吏詣戶部核錢糧軍需諸事,以道遠預持空印文書,遇部駁即改以為常。及是帝疑有奸,大怒,論諸長吏死,佐貳榜百戍邊。

也只是一疑心,把天下的財政官長都殺了,殺頭與籍沒相連,這一疑心又自然地籌了一筆大款。胡案、藍案的副目的也不外此,在這一串黨獄中,把一切夠得上籍沒資格的一起給網

第四章　胡惟庸黨案的真相

進去,除了不順眼的文官、桀驁的宿將以外,他所特別注意的是由大地主充當的糧長和大富豪充當的鹽商,如〈大誥三編〉所舉出的余友、李茂實、陸和仲和他書所記的浦江鄭氏、蘇州沈氏諸獄,均足以證明此獄的動機。

另一方的明太祖自身出身寒賤,寄跡緇流,且又賦性猜嫌,深恐遭知識分子所譏刺。在他初起事的時候,不得不裝作禮賢下士的神氣,借作號召,及至大事已定,便不惜吹毛求疵,屢興文字之獄。又恐知識分子不為所用,特頒《大誥》,立寰中士夫不為君用之目。一面算是嚴刑示威,一面卻也不無帶著一些嫉視的階級意識。《大誥》中所列文士得罪者不下千人。在胡藍二獄中所殺的幾萬人中大部是屬於知識分子,其中之著者如宋濂以一代帝師匡翊文運,仍不惜曲為歸納,以其孫慎與胡黨有連為辭,流之致死。其他同時諸文士,凡和明太祖稍有瓜葛的也都不得善終,趙甌北《廿二史劄記》曾替他算過一筆草帳。另一方面卻極力設學興教,進用宋訥一流刻薄寡恩的教師,用廩祿刑責造就出一批聽命唯謹的新知識分子出來,做皇帝個人的馴僕,來代替老一輩的士大夫。這是明太祖鞏固君權的方法,也是這幾次大獄的起因。

第五章

王茂蔭與幣制改革

　　在五年前,有幾個朋友用幾種不同文字的底本譯《資本論》。他們在譯到第一篇第三章注八十三提及中國的史事這一段以後,寫信問我書中 Wan-Mao-in 的原名是什麼。他們因這一譯名,有人還原為王猛殷,又有人還原為王孟尹,甚至有人譯為萬卯寅,要我想法查出他原來的名字,我答應了。因為《資本論》所說的 Wan-Mao-in 是中國財政大臣,猜想必是戶部的堂官,西元 1854 年是咸豐四年,就查《清史稿、部院大臣年表》,果然一翻就著。在表七上戶部漢右侍郎格咸豐三年格說:「何桂清,十一月癸卯遷,王茂蔭戶部右侍郎。」在咸豐四年格:「王茂蔭,三月辛亥遷,翁心存戶部右侍郎。」時代恰好相合,Wan-Mao-in 和王茂蔭音也全對,他的前任是何桂清,後任是翁心存。再查《清史稿‧王茂蔭傳》,傳中也說到他曾提議施行鈔法,為皇帝所申斥。和《資本論》的腳註完全符合。

　　最近一兩年,從頭讀《東華錄》和《清史稿》兩書,又不時地看到有關王茂蔭的史料。同時也因為清華圖書館的便利,讀到王茂蔭的《王侍郎奏議》和其他有關的一些史料,對於王茂蔭

第五章　王茂蔭與幣制改革

的事蹟和思想,算是比幾年前清楚多了。

幾天前,在《光明》二卷二號中有一篇郭沫若先生的〈資本論中的王茂蔭〉,讀了很感興趣。可惜郭先生因為手頭用書的缺乏,也不能把王茂蔭的事蹟說清楚。郭先生希望能有人對這問題下一點功夫。王茂蔭對我而言是熟人,在讀了郭先生的文章以後,更覺得有必要把有關王茂蔭的史料整理一下。同時也感覺到,一些對於自己很平常的史料,因為環境的關係,對於別人,卻正是求之不得的東西。郭先生假如是在中國,也在北平的話,他一定能看到我所見到的史料,王茂蔭所酌議的「章程四條」,在《東華錄》沒有詳載,在《清史稿》本傳也沒有詳載,可是在他的奏議中卻是錄有全文的。郭先生說:「王茂蔭所酌議的『章程四條』可惜在《東華續錄》中沒有詳載,這層是有到清史館查的價值的。我希望讀了我這篇短文的人,尤其是北平的朋友們,請順便去查一下,並請趁早查。」因為資料都在手頭,寫此短文,回答郭先生的建議。文中引用資料大部分都依本來面目,不加刪節,為的是一般手頭書籍缺乏的讀者的方便。

一、《資本論》與王茂蔭

《資本論》第一卷第三章注六十七前半的原文是:

Der Finanzmandarine Wan-mao-in liess sich beigehn,

dem Sohn des Himmels ein Projekt zu unterbreiten, welches versteckt auf Verwandlung der chinesischen Reichsassignaten in convertible Banknoten hinzielte. Im Bericht des Assignaten-Comites von April 1854 erhält er gehörig den Kopf gewaschen. Ob er auch die obligate Tracht Bambushiebe erhielt, wird nicht gemeldet. „Das Comité", lautet es am Schluss des Berichts, „hat sein Projekt aufmerksam erwogen und findet, dass alles in ihm auf den Vortheil der Kaufleute ausgeht und nichts für die Krone vortheilhaft ist." („Arbeiten der Kaiserlich Russischen Gesandtschaft zu Peking über China. Aus dem Russischen von Dr. K. Abel und F. A. Mecklenburg. Erster Band. Berlin 1858", p. 47 sq.）

郭沫若先生譯作：

中國的財政大員王茂蔭上一條陳於天子，請將官票寶鈔暗渡為可兌現的錢莊鈔票。在一八五四年三月鈔法核議會的奏呈中，王茂蔭為此大受申飭。然其曾受法定的笞刑與否，則無明文。該奏議之結尾有云：「本核議員等曾將其條奏詳加稽核，覺其中所言專利商賈，於朝廷毫無一利。」

原文中的 Reichsassignaten 日本高畠素之譯本譯作帝國紙幣，陳啟修譯本譯作大清帝國紙幣，郭譯作官票寶鈔，都是錯的。前兩個當時根本無此名詞，郭譯錯了一半，對了一半。因為官票和寶鈔是兩種東西，Reichsassignaten 指寶鈔而言，並非官票。原文中的 Assignaten-Comites 高畠素之和陳啟修都譯作

第五章　王茂蔭與幣制改革

帝國紙幣委員會，郭譯作鈔法核議會，也都是錯的，因為在清代，並沒有這樣名稱的機構。清制管理錢幣的機關名錢法堂，錢法堂有兩個，一由戶部右侍郎兼管，一由工部右侍郎兼管。所屬的造幣廠有寶泉、寶源二局，寶泉屬戶部，寶源屬工部。《光緒會典》卷二十四〈戶部·錢法堂〉條記：

> 管理錢法侍郎，滿洲一人，漢一人，掌寶泉局鼓鑄之政令。凡銅鉛進於局，驗而收焉。缺者補之，銅不足色者抵以耗。凡鑄錢月定其卯，驗而解於部。附鑄亦如之。考其式法，給其工料，越歲則奏銷。

卷六十二〈工部·錢法堂〉條記：

> 管理錢法侍郎，滿洲一人，漢一人（以本部右侍郎兼管），掌寶源局鼓鑄之政令。凡銅鉛之歲輸於部者定其額，至則以時驗收焉。凡鼓鑄分其爐座，核其緡數，出卯則盡數報解戶部，搭放兵餉。

職掌大體上相同。王茂蔭在咸豐三年遷戶部右侍郎兼管錢法堂事務，關於錢法和鈔法的興革是他的專責。他在咸豐四年三月初五日上〈再議鈔法折〉，提出辦法四條，當日即奉嚴旨申斥，並諭：「此折著軍機大臣詳閱後，專交與恭親王、載銓速行核議，以杜浮言。」初八日復有上諭：「諭內閣：恭親王奕訢親王銜定郡王載銓奏：遵議王茂蔭條陳鈔法窒礙難行一折，著即照所奏均無庸議。」是所謂帝國紙幣委員會或鈔法核議會都是指交王大臣議奏而言。清制國家大政和臣工條議照例由皇帝交王

大臣議奏，稽核其可行與否，將意見貢獻與皇帝做最後決定。

在〈資本論中的王茂蔭〉文中有下列一段：

> 再看王茂蔭「自請嚴議」，可以知道這種不兌換紙幣的發行，本是出於他的建議。王茂蔭在咸豐三年三月還在御史職，但他對於國家財政很是關心。我疑心三年五月鑄大錢的辦法都是出於他。他是那年的十一月初二日升為戶部右侍郎的。四年三月的第二諭中有「經朕洊擢侍郎」之語，這「洊擢」一定是對於他的某種建議的報酬。「官票寶鈔」的施行在後，鑄造大錢之事在前，從論功行賞的程式上說來，連大錢鑄造的建議，恐怕也是出於這位理財家的吧？

也是一半對、一半錯的。寶鈔的建議者第一個是王茂蔭，可是他的建議並未通過。後來所施行的鈔法並不是根據他的建議來的，他認為那辦法不對，所以提出四條意見，結果反被申斥。至於鑄造大錢，恰好相反，王茂蔭是當時最堅決的一個抗議者、反對者。他論當時的鈔法應改良，不應鑄造大錢，他的意見沒有被採納，結果是大錢果然行不通，鈔法也失敗了。

二、科舉制之弊端

王茂蔭，字椿年，一字子懷，安徽歙縣人。生於嘉慶三年三月，卒於同治四年六月，年六十八歲（西元 1798～1865 年）。

第五章　王茂蔭與幣制改革

在科第上說，王茂蔭是早達的，他在三十四歲那年就中了舉人，第二年成進士。這兩年清廷下令禁止鴉片輸入。

相反地，在官階方面說，他卻是一個晚達的人。成進士後，即官戶部主事。十五年中三次請假回家省視父母。鴉片戰爭起來時，他正在鄉間閒居。一直到道光二十六年才回朝補授戶部雲南司主事。這時他已是快到五十歲的人了。第二年升任貴州司員外郎，第三年遭父憂，又回家守制，三年後服滿回朝時，清宣宗死，文宗繼位，太平天國起義。

從咸豐元年到八年這八年中，是太平天國的全盛時期。經過了二十年浮沉郎署生活的王茂蔭，在這時期中才踏上仕宦的坦途。咸豐元年補授戶部江西司員外郎，八月官江西道監察御史；三年四月官太常寺少卿，六月擢太僕寺卿。因為他是戶部出身的，在這三年中不斷地對當時財政情況提出意見。同年十一月官戶部右侍郎兼管錢法堂事務。在戶部侍郎任時，他堅決地提出反對當時新幣制的意見，和同僚不合。次年三月調補兵部右侍郎。不久轉左。到咸豐八年七月以病請開缺。同治元年四月起署左副都御史，改授工部侍郎。二年調吏部。丁繼母憂歸，四年六月卒於家。（《清史稿》列傳卷二〇九〈王茂蔭傳〉；方宗誠《柏堂集後編》卷一一〈光祿大夫吏部右侍郎王公神道碑銘〉）

王茂蔭在咸豐元年初拜監察御史以後，一直到去官，十年中不斷上書陳述意見。當時的言官方宗誠在〈光祿大夫吏部右侍

二、科舉制之弊端

郎王公神道碑銘〉中曾說：

> 時天下承平久，吏治習為粉飾因循，言官習為唯阿緘默，即有言多瑣屑，無關事務之要。其非言官，則自以為吾循分盡職，苟可以寡過進秩而已，視天下事若無與於己，而不敢進一辭，釀為風氣。軍國大事，日即於頹壞而莫之省。[154]

王茂蔭在這趨勢下是例外。他對於「朝政之得失，人才之賢否，軍事之利害，知無不言，言無不詳」。清文宗也很看重他的意見：「往往虛衷以受，或即時諭行，或付之公議。或始雖留中，既而思其言然，卒皆聽用。」（〈神道碑銘〉）

王茂蔭雖然是科舉出身的，卻並不認為這制度是合理的、有用的。他指出這制度的弊端：

> 臣竊見今日之聰明才力，悉專致於摹墨卷，作小楷，而深惜其無用也。自來非常之才，有不必從學出者，然從學出者千百，不從學出者一二。即後漢臣諸葛亮亦有學須靜、才須學之言。今一專功於墨卷，則群書遂束之不觀；專功於作字，則讀書直至於無暇。二者之廢學，以作字為尤甚。而士子之致力，則於作字為尤專。合天下之聰明才力盡日而握管濡毫，尚安得濟實用！（《王侍郎奏議》卷一〈振興人才以濟實用折〉）

---

[154] 這一篇〈神道碑銘〉是王家請李鴻章寫的，李鴻章又請方宗誠代筆。所以文中述說用李鴻章的口氣。除收入《柏堂集》外，此文又見繆荃孫編《續碑傳集》卷一二。

第五章　王茂蔭與幣制改革

他認為科舉人才是未來的官，官是要能作史論的，至少也要懂得歷史。可是科舉制度的積弊是使所有未來的官都用全力於摹墨卷，作小楷。結果是每人都寫得一筆好字，可是內容卻什麼都沒有，既不知過去，更不知現在。讓這一批人來當國，「尚安得濟實用」！他提出三點辦法來補救：第一是改革科舉的內容。策問五道分五門發題：一曰博通史鑑；二曰精熟韜鈐；三曰製器通算；四曰洞知陰陽占候；五曰熟諳輿地情形。第一科是史學，一個未來官必需的學識；第二科是軍事學；第三科是實用科學；第四科是天文學；第五科是地理學。應考的人可以自己選一專門的科目考試。這意見原來是道光二十二年（西元 1842 年）兩廣總督祁提出的，這一年正是鴉片戰爭結束，訂定《南京條約》，開五口通商的一年。祁所提出的意見顯然是受了西方文化的影響，代表中國士大夫中的維新分子的意見。可是他的提議被當時的守舊派所反對，不能通過。王茂蔭卻完全接受了他的意見，在咸豐元年，第一次上摺請求按祁的辦法改革。後來又上摺尖銳地對反對者加以駁問，他說：

當時部議之駁五門發策也，稱士子淹博有素，不必專門名家。試問今日製器通算者為誰？精熟韜鈐者為誰？（《王侍郎奏議》卷九〈請刊發海國圖志並論求人才折〉）

第二是考試務重文義。他說：

近來殿試朝考之後，考列前十卷與一等者，但傳其字型之工，曾不聞以學識傳者。考列在後之卷，又但傳聞某書極劣，

二、科舉制之弊端

某筆有誤,曾不聞以文藝黜者。此士子所以專務作字也。作字必無間斷而始工,讀書遂以荒蕪而不顧,士習空疏,實由於此。請嗣後令讀卷閱卷大臣,勿論字型工拙,筆畫偶疏,專取學識過人之卷。進呈欽定以後,即將前十卷與一等卷所以過人之處,批明刊發,使天下曉然於朝廷所重在文不在字,庶士子咸知所向。(《王侍郎奏議》卷一〈振興人才以濟實用折〉)

他要求以後考試不重表面上形式上的書法,著重在實學——學識過人。

第三是廣保舉以求真才。他是反對現行的科舉制度的。他認為在這樣的制度下,絕不能招致所有的人才:「若伏處在野,或不工制義,或力難應舉,則雖有懷奇負異之士,恐終淹沒。」他要求「令各省州縣並教官留心察訪,或博古通今、才識非常,或專門名家、精通一藝,或膂力過人,膽勇足備者」,保舉。經考試後,送部引見,隨材酌用,以濟科舉制度之窮。(《王侍郎奏議》卷一〈振興人才以濟實用折〉)並反駁部議說:

部議之駁廣保舉也,稱文武各有鄉會試,凡才學出眾、武藝精通者,皆已甄拔無遺。試問年來殺賊攻城諸將,如羅澤南、王鑫、楊載福、李續賓等,均非得自科舉,甄拔何以有遺?前議之未盡有明徵。今議之當詳,自可見此為長久得人之法。(《王侍郎奏議》卷九〈請刊發海國圖志並論求人才折〉)

綜合他的意見,一方面改革科舉制度,除去專重小楷的弊端,注重真才實學。所謂實學,分歷史、軍事、科學、天文、

第五章　王茂蔭與幣制改革

地理五科。一方面求人才於科舉之外,只要有專長的都可替朝廷做事。在八十年後的現代人看來,這樣的意見是平淡無奇的。可是在八十年前,在科舉制度下,尤其他本人也是從科舉出身的,提出這種意見,是很值得注意的。

關於他的品性行誼,方宗誠在〈神道碑銘〉中說:

公識量沉宏,事無鉅細,必研究原委,不敢苟且遷就。居官數十年,未嘗挈妻子侍奉,家未嘗增一瓦一壠。粗衣糲食,宴如也。故海內稱大臣清直者必曰王公。

王茂蔭是安徽歙縣人。歙縣人多出外經商,徽商在清代後期在全國商業界很有地位,很活躍,有徽幫之稱。徽幫的經營業務,主要的是茶商、錢莊和典鋪。王茂蔭生長在徽商的社會裡,又長期家居,他的生活和思想意識深受徽商的影響,在政治上自然而然成為商人階級的代言人,特別是以開錢莊、典鋪為主的徽商的代言人,衛護他們的利益。在討論官票寶鈔和大錢的時候,處處為商人,特別是開錢莊、典鋪的徽商說話。正因為如此,咸豐四年三月上諭申斥他「專為商人指使,且有不便於國而利於商者,亦周納而附於條款內」、「只知以專利商賈之詞,率行瀆奏,竟置國事於不顧,殊屬不知大體」。被傳旨嚴行申飭。

他的著作有《王侍郎奏議》十一卷。(御史任內為臺稿三卷,太僕寺卿任內為寺稿二卷,侍郎任內為省稿四卷,起用後

為續稿一卷。又補遺一卷。）前十卷其門人易佩紳刻於四川藩署，後一卷刻於蘇州。

三、咸豐時代鈔法提議第一人

在王茂蔭的一生政治經歷中，最主要的一件事便是他和咸豐時代幣制的關係。他主張施行鈔法來救濟當時的財政困難，他極力反對「大錢」制度。

關於鈔法的施行，王茂蔭是咸豐時代的第一個提議人。他在咸豐四年三月所上〈再議鈔法折〉中說：「現行官票寶鈔，雖非臣原擬之法，而言鈔實由臣始。」其實在咸豐時代以前，鈔法的施行不但曾經有人提議，並且在順治時代曾經一度頒行。《清史稿・食貨志》五記：「順治八年（西元1651年）歲造鈔十二萬八千有奇，十年而罷。嘉慶間侍講學士蔡之定請行鈔。」道光二十三年（西元1843年）御史李恩慶又奏請行紙鈔：

> 時以兩河連年漫溢，制用甚繁。御史李恩慶奏請製造紙鈔，發工次招商民交給。……敬徵奏言：……楮幣之法，見於唐之飛券，宋元以來始有交子會子寶鈔之制。前明洪武時行鈔法，數年即壞。今需用孔亟，若待部頒印鈔，招募商民交錢應用，實緩不濟急。且事涉創辦，商民未必樂從，所奏應無庸議。（《清史列傳》卷四一〈敬徵傳〉）

第五章　王茂蔭與幣制改革

以「緩不濟急」和「商民未必樂從」兩大理由被駁不議。

咸豐時代是一個對外屈辱，對內鎮壓的時代，在這時期以前，全國通用的貨幣是銀和制錢。銀因對外貿易入超的關係，尤其是鴉片的輸入，逐年大量的流出，國記憶體銀日漸減少，銀價日高。錢是用銅鑄的，銅的最大出產地是雲南，太平軍起後，雲南和北京間的交通被阻斷，銅運不達，鑄錢的原料成為問題。同時因為內戰的關係，一部分地方被太平軍所占領，一部分地方截留稅收作為地方軍費，一部分地方因受戰事影響收入減少，中央財政越發不能支持。收入一天少一天，支出卻一天多一天。在這情形下，政府中的財政家和史論家便引經據典地提出兩種解決辦法，一是行鈔法，一是鑄大錢。在政治上也分成兩派，一是鈔法派，一是錢法派。王茂蔭是前一派中的主要人物。

在洪秀全起義後的第十五個月，王茂蔭上〈條議鈔法折〉。他認為「粵西之軍務未息，河工之待用尤殷，國家經費有常，豈能供額外之用。從歷史上觀察，補救財政困難的辦法有二，一曰鑄大錢，一曰行鈔幣。二者之利同，而其難以經久，亦略相似。比較兩者的得失，則計鈔之利，不啻十倍於大錢。而其弊則亦不過造偽不行而止」。他在提出具體的新鈔法之前，指出過去行鈔的十種弊端：

一則禁用銀而多設科條，未便民而先擾民；二則謀擅利而屢更法令，未信民而先疑民；三則有司喜出而惡入，適以示輕；

四則百姓以舊而換新，不免多費；五則紙質太輕而易壞；六則真偽易淆而難識；七造鈔太多則壅滯，而物力必貴；八造鈔太細則瑣屑，而詐偽滋繁；九則官吏出納，民人疑畏而難親；十則製作草率，工料偷減而不一。

這都是從研究過去行鈔的歷史所得的結論。接著他提出九條辦法，都是針對著所舉十種弊端加以救正的。第一是擬鈔之值：因為當時銀貴錢賤的關係，定鈔以銀為本位，以兩計算，分十兩、五十兩二種，十兩以下仍以錢行使。第二是酌鈔之數：濫發鈔幣的結果必然會使鈔值低落，物價抬高。要保持鈔值的固定，必須限有定數。他主張仿順治時代的成例，「每年先造鈔十萬兩，計十兩者五千張，五十兩者一千張。試行一二年，計可流通，則每歲倍之，又得流通，則歲又倍之。極鈔之數以一千萬兩為限」。這一千萬兩的定數是根據國家歲入酌定的，國家歲出歲入總數不過四千萬兩，發鈔總數不過每年歲出入的四分之一，是不會不流通的。第三是精鈔之制：為著防止十弊中的第四第五第六第八第十諸弊，他提議立一制鈔局：「選織造處工人，以上等熟絲織如部照之式，分為兩等，方尺有五寸者為一等，方尺有二寸者為一等。四圍篆織花紋，中橫嵌大清通行寶鈔六字滿文於額，直嵌大清寶鈔天下通行八字漢文於兩旁。按每歲應制鈔張數造辦，以方尺五者為庫平足色紋銀五十兩，尺二者為庫平足色紋銀十兩。選能書吏於鈔中滿漢合璧作雙行書，每年擬定數字，每字一千號，編為一簿。鈔之前按簿

第五章　王茂蔭與幣制改革

上每張填某字某號,鈔之後書某年月日戶部奏準大清寶鈔與銀錢通行使用,偽造者斬,告捕者賞銀若干兩,仍給犯人財產。誣告者坐。皆漢書。再請飭另鑄大清寶鈔印一顆,於中間滿漢文銀數上鈐以印。前某字某號上鈔與簿鈐騎縫印。鈔質必厚實如上等江綢;篆文必細緻;滿漢書必工楷一律;印文必完整;印油必鮮明。監造各官有草率不如式者治以罪。禁民間不得私織如鈔花樣,有犯必懲。再請飭於制鈔局特派一二有心計之員,另處密室,於每鈔上暗設標識數處,所設標識,唯此一二人知之。仍立一標識簿載明每年之鈔標識幾處,如何辨認,封藏以便後來檢對。其識按年更換,以杜窺測。一切均不得假手書吏,以防洩漏。」第四是行鈔之法:絲鈔織成後即交各銀號官鹽店典鋪,給以微利,每庫平五十兩者止令繳市平五十兩,庫平十兩者止令交市平十兩。銀號領鈔繳銀後,許加字號圖記花字於鈔之背面,聽各處行用。許作捐項及辦解錢糧,與銀各半交納。第五是籌鈔之通:寶鈔發出後,因為許作捐項和錢糧交納,結果是仍舊回到部庫和藩庫。為求周轉流通,所有中央地方發出款項都酌量以鈔搭放。仍許持鈔人向銀號兌取現銀。如銀號故意勒掯,不肯兌換,扣減不肯如數,許民人指控,治之以罪。第六是廣鈔之利:鈔利輕齎和行遠,又無成色與重輕,應鼓勵民人行用,聽向銀號兌換,並隨處上納錢糧。天下州縣均於城內立一收鈔銀號,持鈔人或作交錢糧或兌換銀錢,均即如數兌交。京外各行鈔銀號均飭於招牌上加鈔字。為防止造偽

三、咸豐時代鈔法提議第一人

起見,行使寶鈔人許於鈔背記明年月收自何人,或加圖記花字,遇有偽鈔,不罪用鈔之人,唯究鈔所由來,逐層追溯,得造偽之人而止。第七是換鈔之法:部庫設人專司鈔之出入,各地行鈔但鈔之背面圖記花字已滿者即付送制鈔局,將鈔截角,另貯一庫。遇有偽鈔,便可對明。第八是嚴鈔之防:法行之後,不得另有更張。造鈔之制,不得漸減工料,致失本來制度以壞法。民人有偽造者,即照鈔文治罪,不得輕縱以壞法。第九是行鈔之人:商民交易力為設法,不經官吏之手,同時嚴防官吏舞弊,阻鈔行用。尤貴經國大臣相時之輕重而收發操縱之。(《王侍郎奏議》卷一〈條議鈔法折〉)

綜合以上各點,他的主要意思是發行一種仿明洪武寶鈔以銀為本位的絲織寶鈔,交銀號流通,商人方面可得些少利益,持鈔人可用以交納國稅。各地方均設收鈔處,持鈔人可以隨時兌換銀錢。鈔本身用絲織,並設暗記,行使人並可在背面記鈔之由來,以防偽造。雖然沒有鈔本,但因發行有定額,總數不過每年收入四分之一,且可兌現,流通自然不成問題。這條陳提出以後,硃批大學士會同戶部議奏,便無下文。雖然沒有結果,王茂蔭卻因這條陳而被政府注意,認為他的歷史知識很夠得上做一個理財家了。

一年後福建巡撫王懿德又奏請行鈔法。他說:

自海防多事,銷費漸增,粵西軍務、河工,撥款不下千數百萬,目前已艱,善後何術!捐輸雖殷,僅同勺水,督催稍

第五章　王茂蔭與幣制改革

迫，且礙閭閻。與其籌畫多銀，不若改行鈔引。歷考畿輔山左，以及關東，多用錢票。即福建各屬，銀錢番票，參互行使。便於攜取，視同見金。商民亦操紙幣信用，況天下之主，國庫之重。飭造寶鈔，尤易流轉。唯鈔式宜簡，一兩為率，頒發藩庫，通喻四民，準完丁糧關稅，自無窒滯。或疑庫銀溢位，悉成鈔引，銀日以少，鈔日以賤。豈知朝廷不蓄為寶，以天下之財，供天下之用，能收能發，自能左右逢源也。(《清史稿》列傳卷二一四〈王懿德傳〉)

主張發行一兩的寶鈔，與王茂蔭所提的十兩五十兩兩種票面價格不同。這一提議也同樣地被駁不行。《東華錄》記：

咸豐二年六月丁未，先是福建巡撫王懿德奏籌行鈔法，以濟軍需。令軍機大臣同戶部議奏。至是奏稱：民間行用鋪戶銀錢各票，乃取銀取錢之據。若用鈔則鈔即為銀，鈔即為錢，與鋪戶各票之持以取銀錢者不同，必致民情不信，滯礙難行。該撫所請改行鈔法之說，應無庸議。報聞。(潘頤福《咸豐朝東華錄》卷一五)

同年九月署鑲紅旗蒙古都統花沙納也上疏請行鈔法。他說：

查前代行鈔皆不能無弊：蓋鈔用紙質，易於作偽，弊一；朝令夕改，民不信從，弊二；官項不收，自相矛盾，弊三；禁銀禁銅，抑勒滋擾，弊四；積年添造，壅滯難行，弊五；不議更換，昏爛輒廢，弊六。謹擬造鈔之法：一、鈔質以綾為之，連用二印志書跡於其中，則真偽易辨。二、鈔式織成，按

三、咸豐時代鈔法提議第一人

千文編號,以免混淆。三、鈔綾用正黃色,印花用上等硃砂,印板用精銅鑄就。四、銀鈔數目,自一兩五兩十兩至五十兩分四等,每張計費銀五錢。五、寶鈔之費,一千七百張共需銀八百五十兩,即可當萬金使用。六、鈔分四等,鈔式則一。七、鈔皆準銀,較準錢為簡便。八、鈔銀擬造滿一萬萬兩為止。九、造鈔除五六十年後奏請更換外,或大工大役,估計所需,必須添造,工竣停止。一、法律宜嚴治偽造者,寬待誤收者。一、造鈔伊始,先將行鈔條例頒示天下。將來幣項極充,毋庸再用,準其抵交入庫。其行鈔之法:一、請銀錢與鈔並用。一、請設督理鈔局官。一、外省用項由鈔局會同戶部酌給銀半鈔半,或搭放寶鈔二成,以次遞增,半鈔而止。一、內自京城,外至各省督撫州縣鄉市各錢店一律暢行,不準阻撓。一、民間交易,銀鈔聽其自便,唯交官銀兩,必須銀鈔各半。一、鈔宜上下通行,凡完糧納稅捐項統用銀鈔各半。一、凡以鈔完糧納官者,概免傾熔火耗。一、寶鈔既行,不必禁銀禁銅,徒滋紛擾。(《清史列傳》卷四一〈花沙納傳〉)

也主張用銀鈔。和王茂蔭的主張不同的是:鈔用制;鈔額分一兩、五兩、十兩、五十兩四種;鈔只能作交官項用,不能兌現;發行額多至一萬萬兩。

第五章　王茂蔭與幣制改革

四、鈔法施行中，諸多窒礙

經過王茂蔭、王懿德、花沙納三人連線上疏請行鈔法後，清廷正苦於無法解決財政困難，也就怦然動心，讓原提議人妥商辦法。王懿德這時在福建，不能預議。便特派左都御史花沙納和陝西道監察御史王茂蔭妥議鈔法，奏明辦理。兩人雖都主張行鈔，但是所提的辦法不同，在政治地位上又高下懸絕，雖然表面上是兩人會同戶部堂官妥議，並擬定簡明章程，繪具鈔式具奏，實際上全是花沙納和戶部的主張。王茂蔭的提議要點全被擱置。據〈花沙納傳〉：

> 三年二月會議行鈔章程。略云：理財之道，固貴相時濟用，尤宜慎始。請定簡明章程，於京師先為行用，俟流通，各省一律遵辦。不必襲用鈔名，即稱為票，使商民日用相安。如所議行。（《清史列傳》卷四一〈花沙納傳〉）

《東華錄》記：

> 咸豐三年二月辛丑諭內閣：茲據花沙納等公同酌議（鈔法）具奏，並繪具官票式樣進呈。朕詳加披覽，所擬章程各條，尚屬周密，著即照所請定為官票名目，先於京師行用。俟流通漸廣，再行分頒各省，一律遵辦。官票之行，與銀錢並重，部庫出入，收放相均。其民間銀錢私票行用，仍聽其便，商賈交易，亦無抑勒，洵為裕國便民良法。總期上下相信，歷久無弊，即使國用充裕，官票照舊通行。（《東華錄》卷一九）

四、鈔法施行中，諸多窒礙

官票票面額有一兩、三兩、五兩、十兩、五十兩五種。鈔制以皮紙，額題戶部官票，左滿右漢，皆雙行。得標二兩平足色銀若干兩。下曰戶部奏行官票，凡願將官票兌換銀錢者與銀一律，並準按部定章程搭交官項，偽造者依律治罪。邊文龍。(《清史稿》卷一〇五〈食貨志〉五) 花紋字畫均藍色，銀數有用墨戳鈐印，也有臨時填寫的，字都特大。寫或印銀數處印朱方印，文曰戶部官票永遠通行，左滿右漢。騎縫處鈐戶部官票所關防長方朱印，亦左滿右漢。用千字文編字，或印或寫，號數年月均用墨筆寫。邊鈐每兩比庫平少陸分小墨戳。左下端有黑花押。背面或鈐私印或寫前手行用人名鋪號。經過幾個月的籌備，於咸豐三年五月戊申正式頒行。[155]

王茂蔭是極力反對戶部的方案的，戶部原方案經批准的主要兩點是：第一，提取各州縣所存穀價銀兩，給以銀票，為將來買補之用；第二，於各省當雜各商生息帑本內，酌提十分之三，解交藩庫報部候撥。戶部核明銀數，應造一百兩、八十兩、五十兩之票若干張，匯發各省，按原提本銀數目，分給各該商；準令該省捐納封典職銜貢監之人，向各商買票報捐，歸還原提銀款。其各商應繳息銀，仍如其舊。關於第一點他認為可行。第二點損害錢莊、典商原有利益，他大聲疾呼，認為虧商病國，絕對難行。他說：

---

[155] 《清史稿》本紀卷二〇：「咸豐三年五月戊申始制銀鈔。」按銀鈔即官票，亦即銀票。

第五章　王茂蔭與幣制改革

各省州縣皆有典規,歲數千兩至萬兩不等。即平居無事,而已視典商為魚肉。今令州縣以提帑本發部票,則必以火票腳價部費為藉口,而收銀有費,發票有費,費之輕重,固視官之貪廉,然官即能廉,吏亦斷無空過之事。此商之虧一也。商之繳銀也,限以三月,由州縣而藩司,而報部,不知幾月。迨部中核明銀數,造票有時,發票有時,由該省以行至州縣,分給各商,又不知幾時。竊計自商繳銀之日,以至領票之日,至速亦須一年。此一年中該商等本銀已繳其三,而息銀仍如其舊,此息竟從何來。此商之虧又一也。商領銀票,準令該省捐納封典職銜貢監之人向各商買以報捐,歸還原款。竊計捐生有銀報捐,何為必欲買票。且買票入手,不知有無真偽,持票上兌,不知有無留難,何如持銀上兌之可恃。苟非與該商素識,委曲代計補虧,斷不向買。設領票年餘,而素識中竟無欲捐之人,其票必懸而無著,則商之虧又一也。由前二虧,虧固難免,由後一虧,虧更無期。於此而謂於商無虧,恐未可信。夫提取存本,固商之本分,亦商所樂從,今欲濟急需,則竟提用,俟度支充裕,再行發給可耳。若如部議提本給票買票三層周折,而仍歸於報捐,名避勒捐而實較捐之費為更甚矣。(《王侍郎奏議》卷三〈條奏部議銀票銀號難行折〉)

同日他又上奏請求把他前次所上鈔法條陳再行詳議:

再查部臣議行銀票,意謂票與鈔相關,欲以此試鈔之行否。臣竊謂此意似未深思也。誠欲試鈔法,當如其法而用之,方為試行。若變易其法,則行與不行,皆各自一事,安得因此

而概彼。夫行鈔首在收發流通，唯收之能寬，斯發之不滯。今銀票之發，唯以抵存本，而收唯以報常捐，上下均隘其途，安得而流通乎？（《王侍郎奏議》卷三〈請將鈔法前奏再行詳議片〉）

由此可見所謂官票純然是一種不兌換的債券，政府收回各地錢莊、典商生息本銀十分之三後，發出同樣價值的官票，這種官票又只能用於報捐，和王茂蔭所提議的辦法完全不同。政府的威權也不能強迫民間樂於行用。結果頒行新紙幣的消息一經傳出，京城內的市面立刻混亂，商舖紛紛歇業倒閉。據都察院左副都御史文瑞奏：

民間於鈔法不知其利，而喧傳其害，竟畏之如虎。十餘日來錢鋪已關閉三十餘處。昨日內外城一晝夜間陡然關閉者又不下二百餘處之多。即素日資本富厚，最著名之錢鋪亦皆關閉，糧店亦間有關閉者。街市擾攘，人人驚危。（羅爾綱先生藏鈔本《道咸奏稿》）

兵科給事中吳廷溥奏，錢鋪之關閉，主要原因是擠兌：

新正以來，警報交至，富商挾資出京，不可勝計。都城關閉錢鋪每日三五家或七八家不等。詎本月十五日一日之內，關閉錢鋪七八十家，通計前後所關有百數十家。道路喧傳，惶駭失措。推原其故，蓋由戶部張貼行鈔告示，外間傳聞各鋪私票一律禁止。存票之家，爭往錢鋪取錢，絡繹奔走，到處擠鬧，逐隊成群，囂然不淨。奸徒藉端滋擾，勢所難免。（羅爾綱先生藏鈔本《道咸奏稿》）

第五章　王茂蔭與幣制改革

同時軍營中也不願行使新鈔：

咸豐三年，時議行鈔幣。翁心存疏言：「軍營搭放票鈔，諸多窒礙。鈔幣之法，施行業有次第，此時甫經頒發，並未試用，勢難驟用之軍營。」（《清史稿》列傳卷一七二〈翁心存傳〉）

官票頒行未久，接著又發行錢票，此議起於文瑞，《清史稿》記：

咸豐三年疏言：「鈔法之弊，放多收少，半為廢紙。放少收多，民間鈔無從得。若收放必均，是與之甲而取之乙，徒擾無益。非易銀鈔為錢票不可。擬就道光年間所設官號錢鋪五處，分儲戶工兩局卯錢，京師俸餉照公費發票之案，按數支給，以錢代銀。」並具條目六事。疏入議行。（《清史稿》列傳卷二〇九〈文瑞傳〉）

《東華錄》卷二十三記：

咸豐三年九月庚申，諭內閣：「惠親王等會奏請頒行銀錢鈔法一摺，據稱銀票以便出納，錢鈔以利流通，請令京師及各直省，均由戶部頒行銀票錢鈔，任聽民間日用行使，並完納地丁錢糧鹽關稅課及一切交官等項；俾文武官員軍民人等咸知銀票即是實銀，錢鈔即是制錢；核定成數，搭收搭放，以期上下一律流通等語。自來制用常經，銀錢並重，用楮作幣，歷代通行。現在銀價昂貴，需用浩繁，民間生計維艱，必須與時通變，使鈔票與銀錢兼權並用，以冀裒多益寡，日益充盈。……詢謀僉同。著即照所議，由戶部製造錢鈔，頒發中外，與現行

四、鈔法施行中，諸多窒礙

銀票相輔通行。其應如何搭收搭放，酌定成數，以昭限制，總期官民兩便，出納均平。所有一切應辦事宜，著戶部詳細酌核，妥議章程具奏。」

可見錢鈔是與官票相輔而發行的。合錢鈔與官票簡稱鈔票，是現在鈔票一字的語源。兩個月後戶部議定鈔式和搭收搭放成數鈔票比率，經批准頒行：

十一月乙丑諭內閣：「比年以來，銀價日昂，民生愈困，小民輸納稅課，每苦於銀貴，而轉運制錢，又多未便。朕……酌古準今，定為官票寶鈔，以濟銀錢之不足，務使天下通行，以期便民裕國。著照部議，凡民間完納地丁錢糧關稅鹽課及一切交官解部協撥等款，均準以官票寶鈔五成為率。官票銀一兩抵制錢二千，寶鈔二千抵銀一兩，與現行大錢制錢相輔而行。其餘仍交納實銀，以資周轉。京庫應放之項，官票寶鈔亦以五成為限。……並準五城殷實鋪商具結承領寶鈔，俾民間自行通用。即由五城御史隨時支發驗收。……如有偽造等弊，即行按例治罪。其有阻撓不肯行使者，以違制論。」（《咸豐朝東華錄》卷二四）

「鈔額題大清寶鈔，漢字平列，得標準足制錢若干文。旁八字為天下通寶，平準出入。[156] 下曰此鈔即代制錢行用，並準按成交納地丁錢糧一切稅課捐項，京外各庫一概收解」（《清史稿·食貨志》五）。「每錢鈔二千文抵換官票銀一兩」邊文如票。

---

[156] 按據羅爾綱先生所藏寶鈔，旁八字為「天下通行，均平出入」。《清史稿》所記誤。

第五章　王茂蔭與幣制改革

花文字畫均藍色。錢數有刻印的，也有臨時填寫的。中鈐「大清寶鈔之印」朱方印，騎縫處鈐圓形印，年月下有黑色長方印。編號用千字文，與號數均用木戳印。錢鈔行後從三年十二月到四年三月幾個月中「已發百數十萬。於是兵丁之領鈔者難於易錢市物，商賈之用鈔者難於易銀置貨，費力周折，為累頗多」（《王侍郎奏議》卷六〈再議鈔法折〉）。

王懿德和王茂蔭都是主張行鈔法的，卻都反對當時所行的辦法。王懿德認為收鈔不應限以成數，政府發鈔目的是在流通民間，但是一面要叫人家樂於行用，一面卻只收一半，百姓交納官項時，一定要一半銀子，一半票鈔，自己只肯收回一半，如何能叫人樂於行用。他說：

> 鈔之能行，不在於發，而在於收。內自部庫以及各關稅務，外則丁耗錢糧鹽典契紙各稅，果能悉收鈔票，不限成數，且示以非鈔不用，則百姓爭相買鈔：有銀之家以鈔輕而易藏，納課之民以率定而無損，貿遷之商以利運而省費。部臣見未及此，唯恐解鈔而不解銀，故限以成數。夫以為無用，則鈔銀均非可食可衣；以為有用，則鈔銀不能畸輕畸重。今於領鈔之時，區以一省，由部知照，方能行用，己不自信，人豈可強，徒開藉端漁利之門。請飭部臣及各省督撫，以此發即以此收，無論各項度支，示天下非鈔不用。新收買鈔銀兩積於部庫藩庫，以為母金。行鈔不分畛域，則銀日豐而本源厚。（《清史稿》列傳卷二一四〈王懿德傳〉）

四、鈔法施行中，諸多窒礙

戶部的人主張發行鈔票的目的是拿它當作銀子給人，卻絕不願意商民當真把它完全作為銀子交回。王懿德的見解是他們所不能接受的，這條陳自然不能通過。王茂蔭比他更進一步，主張票鈔都應兌現。兌現的方法特別提出應給商人以相當利益。因為照規定的法制，票鈔只能按成數交官項，在京師則放多而收少，在軍營則簡直有放無收，在直省州縣則又有收而無放。這原因是政府和民間直接發生收放關係，缺少一個中間互動流通的樞紐。這樞紐應該是商人。要商人來做樞紐，必須給以相當的利益才行。他在這原則下提出四條辦法：

一、擬令錢鈔可取錢也。查市行錢票，與鈔無異，而商民使用者以可取錢也。寶鈔準交官項，本自貴重，而人總以無可取錢，用多不便。若於準交官項之外，又準取錢，自必更見寶貴。

二、擬令銀票並可取銀也。現行銀票錢鈔，均屬天下通行，而行遠要以銀票為宜。欲求行遠，必賴通商，欲求通商，必使有銀可取。人疑無如此現銀以待取，而不知各省之錢糧關稅，皆現銀也。今既準以銀票交官矣，此抵交之銀不歸之商人乎？既可準其抵交，何妨準其兌取。自上計之，二者初無所殊，而自商視之，則二者大有所異。蓋抵交遲而兌取速，抵交滯而兌取靈。凡州縣徵收錢糧，必有銀號數家，將錢統易為銀，將銀統鎔為錠，以便解省。今使商人持鈔至傾鎔錢糧之銀號，準其兌取現銀，則商人之用鈔便；而得鈔不待傾鎔，即可解省，於銀號亦便。在各州縣收鈔於商與收鈔於民，初無所異，而零收之與整兌，亦有較見為便者。今若於準交之外，再

第五章 王茂蔭與幣制改革

加準兌取一層,則鈔益貴重。處處可取銀,即處處能行用,而不必取銀。

三、擬令各項店鋪用鈔可以易銀也。各店鋪日賣貨物,慣用市票,何獨憚於用鈔,以市票能易銀以置貨,寶鈔不能易銀,即不能置貨。此雖強令行用,將來貨物日盡,寶鈔徒存,市肆必至成空,不獨商人自慮,即國家亦不能不為代慮。查銀錢周轉,如環無端,而其人厥分三種:凡以銀易錢者官民也;以錢易銀者各項店鋪也;而以銀易錢,又以錢易銀,則錢店實為之樞紐焉。各店鋪日收市票,均赴錢市買銀,而錢店則以銀賣之。今請令錢市凡以票買銀者必準搭鈔,則各店鋪用鈔亦可易銀,而不憚於用鈔矣。各店鋪不憚用鈔,則以銀易錢之人,無非用之於各店鋪,凡令錢店開票者,亦可準令搭鈔矣。各錢店開票亦可搭鈔,則以銀買各店鋪之票而亦不憚於用鈔矣。凡以三層關節為之疏通,使銀錢處處扶鈔而行,此各行互為周轉之法。

四、擬令典鋪出入均準搭鈔也。查現在典鋪取贖者用鈔不敢不收,而當物者給鈔率多不要。使典鋪之鈔有入無出,將來資本罄而鈔僅存,不能周轉,必至歇業。典鋪歇業,貧人益無變動之方。應請令嗣後出入,均許按成搭鈔,此一行自為周轉之法。

在這四條辦法中,後二條是專門替商人特別是銀號、錢莊典鋪說話的。第二條銀票兌現即以州縣錢糧各地關稅所收之銀為準備金,這是戶部所萬不肯答應的。第一條錢鈔兌現,他也

四、鈔法施行中，諸多窒礙

另籌了一個具體辦法。這辦法是讓戶部寶泉局把逐月所加鑄的錢提出積存，作為兌現的準備，約計半年後可存三十餘萬串，即刻出示許民人於半年後兌現。如錢將盡而鈔仍紛來，竟不能給，則不妨示期停止，令半年後再取。這半年一兌現的辦法，雖然是不徹底，到底比完全不兌現強些，寶鈔的信用也許經明令准許兌現而稍好。但是，這辦法也是要政府拿出本錢的，政府自然又是不肯。在折尾王茂蔭又說：

> 現行官票寶鈔，雖非臣原擬之法，而言鈔實由臣始。今兵丁之領鈔而難行使者多怨臣，商民之因鈔而致受累者多恨臣。凡論鈔之弊而視為患害者莫不歸咎於臣，凡諭鈔之利而迫欲暢行者莫不責望於臣。

他是戶部右侍郎，專管錢法，但是所施行的辦法，卻並不是他的主張。他的意見也不為上官所採納，他在折中明白地說：

> 臣既在戶部，凡有所見，必取決於總理祁雋藻尚書文慶，乃所商多未取決，而設想更已無方。……（《王侍郎奏議》卷六〈再議鈔法折〉）

他明知現行幣制的不合理，卻又被朝野人士指為這新制度的負責者，怨恨集於一身。為著皇朝的前途，為著個人的責任，他不得不提出這補救的辦法。結果因為折中第二條銀票兌現的辦法，和政府的政策牴觸，政府的本意是要集中現銀，他卻反提出讓商人可以隨時兌現，在政府看來，這辦法是會把所有現銀都分散到商人手上去的。因此王茂蔭大被申斥。咸豐四

第五章　王茂蔭與幣制改革

年三月甲辰上諭：

> 王茂蔭身任卿貳，顧專為商人指使，且有不便於國而利於商者，亦周納而附於條款內，何漠不關心國事，至如此乎？

並令交奕訢、載銓速行核議。三日後上諭：

> 恭親王奕訢親王銜定郡王載銓奏：……遵議王茂蔭條陳鈔法，窒礙難行一折；著即照所奏，均無庸議。寶鈔之設，原以裕國便民。王茂蔭由戶部司員，經朕洊擢侍郎，宜如何任勞任怨，籌計萬全。乃於鈔法初行之時，先不能和衷共濟，只知以專利商賈之詞，率行瀆奏，竟置國事於不顧，殊屬不知大體。……王茂蔭著傳旨嚴行申飭。（《咸豐朝東華錄》卷二六）

幾天後就調他做兵部右侍郎。解除他對新幣制的發言權。

鈔法頒行後不到兩年，票面價格日低，錢價愈高，票銀一兩寶鈔一千只值制錢四五百文。主要原因除不能兌現以外，是官吏的舞弊，一方面不顧法令，不收民間票鈔，另一方面又向民間收現銀現錢，卻另買票鈔繳解。《咸豐朝東華錄》卷三十五記：

> 五年九月癸酉諭內閣：……茲據李鈞奏稱：河南省州縣於徵收錢糧時專收銀錢，不收票鈔。解司之時，則收買票鈔，按五成搭解。以致商民於鈔票不知寶貴。現在票銀一兩寶鈔一千均止易制錢四五百文。河工領款，係八成票鈔，二成現銀，所領票鈔，難於行使，每遇險工，無從搶護。山東省藩庫，於各領款則照二成搭放，而於州縣解款，並不搭收票鈔，更形壅滯。

五年後京城市價銀票一兩，僅值錢二百餘文，實銀則值錢六千有餘。銀票二十餘兩始能抵銀一兩。錢票到咸豐十一年時也跌到每千僅值當十錢一百餘文。《清史稿·食貨志》五說：

> 鈔法初行，始而軍餉，繼而河工，搭放皆稱不便，民情疑阻。直省搭收五成，以款多抵撥，既艱搭放，遂復不肯搭收。民間得鈔，積為無用。京師持鈔入市，非故增直，即匿貨。持向官號商舖，所得皆四項大錢，不便用。故鈔行而中外兵民病之。其後京師以官號七折錢發，鈔直益低落，至減發亦窮應付，鈔遂不能行矣。

施行鈔法的本意是在補救軍餉和河工的費用，所得的結果卻是軍營不要，河工也不要，百姓不要，商人不要，連地方政府也不要了。

五、大錢制的流弊顯現，幣制改革失敗

銀票頒行後，錢法派提議鼓鑄大錢。同年五月辛未鑄當十大錢，八月庚子鑄當五十大錢，四年二月甲午鑄當百當五百當千大錢。三月鑄鐵製錢當十大錢。六月鑄鉛製錢（《咸豐朝東華錄》卷二〇一二六）。銅「大錢當千至當十凡五等，重自二兩遞減至四錢四分。當千當五百淨銅鑄造，色紫。當百當五十當十銅鉛配鑄，色黃。百以上文曰咸豐元寶，以下曰重寶。幕滿文

第五章　王茂蔭與幣制改革

局名」。(《清史稿·食貨志》五)

在當十當五十大錢頒行以後,當國的王大臣又請鑄當百、當五百、當千大錢,王茂蔭上摺極力反對。他說:

當五十之錢,市人已多私議,奸人已多私鑄,第為時未久,尚未見大阻格耳。今王大臣奏請添鑄當百當五百當千三種,而當千但以重二兩為率,其餘以次遞減。為裕籌經費起見,誠為至計。此法果行,豈非大利。顧臣考歷代錢法,種類過繁,市肆必擾,折當過重,廢罷尤速。……若當千之錢重二兩,非所謂折當太重,分量過懸殊耶?論者謂折當太重,謂其嫌於虛耳。大錢雖虛,視鈔票則較實,豈鈔可行而大錢轉不行!不知鈔法以實運虛,雖虛可實,大錢以虛作實,似實而虛。故自來行鈔可數十年,而大錢無能數年者,此其明徵也。論者又謂國家定製,當百則百,當千則千,誰敢有違!是誠然矣。然官能定錢之值,而不能限物之值,錢當千民不敢以為百,物值百民不難以為千。自來大錢之廢,多由私鑄繁興,物價湧貴,斗米有至七千時,此又其明徵也。……顧使當千當百雖不行,而當十當五十猶可行,似不妨於一試,而臣又慮其不能也。信為國之寶,現行大錢鈔票,皆屬權宜之計,全在持之以信,守而不改,庶幾可冀數年之利。今大錢分兩式樣甫經奏定,頒行各省,大張曉諭,刊刻成書,未及數月,全行變更;當五十者較向所見而忽大輕,當一百者較向之五十而猶見輕,且當五百當千紛見錯出,民情必深惶惑,市肆必形紛擾,而一切皆不敢信行。錢為人人日用所必需,裕國便民,所關甚重。

五、大錢制的流弊顯現，幣制改革失敗

萬一如臣所慮，誠恐貽悔。(《王侍郎奏議》卷六〈論行大錢折〉)

制錢一文重一錢二分，當十錢重四錢八分，算是以四制錢的重量當十錢之用。相差尚不甚遠。當千錢只重二兩，則以十六制錢的重量當一千錢之用，這折當未免太懸殊了。王茂蔭指出通貨膨脹和物價的關係：「錢當千民不敢以為百，物值百民不難以為千。」因為「官能定錢之值，而不能限物之值」。這是很有道理的。奏入政府置之不理。接著他又第二次上書反對，指出大錢之病國病民的三難二弊。他說：

今行業百以上三種大錢，與原行業五十大錢分兩式樣，無甚可辨。若恃字為辨，則此何以貴？彼何以賤？愚民莫解，恐致訾亂。此其一難。錢本以便零用，今一錢而當五百當千，竊恐以易市物，難以分析，以易制錢，莫與兌換。此其二難。大錢雖準交官項，然現在準以五成搭交者有官票，有寶鈔，再加大錢，何能並搭。此其三難。

然此猶其小也。最大之患，莫如私鑄。論者以為私鑄正可增官鑄之用，可以無患。不知官錢以當千發之，以當千收之，故可無虧。若奸人以四兩之銅，鑄兩大錢，即抵交一兩官銀，其虧國將有不可勝計者。舊行制錢每千重百二十兩，鎔之可以得六十兩，以鑄當千，可抵三十千之用。設奸人日銷以鑄大錢，則民間將無制錢可用，其病民又有不可勝言者。即此二弊，已無法杜，無論其他。

第五章　王茂蔭與幣制改革

　　最後，他明知政府絕不肯取消認為有利可圖的當五百和當千大錢，只好提出兩種補救辦法。第一是在當千和當五百、當百三種大錢上加鉗銀點，「當千者十點，當五百者五點，當百者一點」，以示貴重，辨別較易，造偽較難；第二是請求把戶工兩局所鑄當十、當五十兩種大錢劃一重量。原來這兩局是各自為政的，戶局鑄當五十錢重一兩八錢；工局鑄的卻只一兩五錢，戶局鑄當十錢重六錢，工局鑄的卻只重五錢。請一律照工局重量改鑄，使「新錢舊錢式樣無甚懸殊，市肆行用，不致眢亂」（《王侍郎奏議》卷六〈再論加鑄大錢折〉）。這奏摺政府也還是置之不理。

　　王茂蔭所指出的大錢制的流弊和必然的後果，不久即由事實證明了。咸豐四年七月戶部奏：「當千當五百大錢，甫經行使，即形壅閼者，以折當過多，私鑄益眾，利之所在，法難盡除。……請將寶鈔發錢行經紀，驗明局鑄大錢，如數收回。」並停鑄當二百、三百、四百大錢。又以當百以下大錢，有奸商折算等弊，嚴令照錢面數目行使，不准折減（《咸豐朝東華錄》卷二八）。但仍壅滯不行（《清史稿》列傳二〇九〈文瑞傳〉）。咸豐五年八月揚州軍營以大錢不便兵民交易，奏請停收停放（《咸豐朝東華錄》卷三四）。至咸豐九年當十大錢僅值制錢一文，據袁希祖奏：

　　咸豐初以道梗銅少，改鑄大錢。未幾當百、五十皆不行，唯當十行之。始直制錢三五，近則以十當一。銀直增貴，百物

五、大錢制的流弊顯現，幣制改革失敗

騰踴，民間重困。……向日製錢重一錢二分，大錢重四錢八分，以之當十，贏五錢四分。今以十當一，是反以四錢八分銅作一錢二分用也。民間私鎔改鑄，百弊叢生。今天下皆用制錢，獨京師一隅用大錢，事不劃一。請悉復舊規，俾小民易於得食，盜源亦以稍弭。（《清史稿》列傳二〇九〈袁希祖傳〉）

大錢制行不通，只好「悉復舊規」，不再講幣制改革了。

第五章　王茂蔭與幣制改革

第六章

《朝鮮李朝實錄》記載的李滿住

明陳繼儒序、董復表編王世貞《弇州史料》文中開頭一段說：

唐鄭唯忠嘗云：「自古文人多，史才少。」予謂史非乏才也，史之難，難於料耳。史才無料，如良賈不操金，大匠不儲材，雖鄭卓、公輸立窘矣。

史料和史的關係雖然已有若干人鄭重地指出，但仍有若干可貴的史料被故意埋沒，使後人困於鉤稽，明清之際關於建州的史實就是一個好例。

過去研究建州史的學者所能得到的史料只是幾部禁毀倖免的明人著作和朝鮮方面的記載，其中最主要的是《明實錄》。最近找到一部影印本《朝鮮李朝實錄》，記建州初期史實極詳盡，從此我們可以拿中國、朝鮮兩方實錄來對勘會證，重新來寫明清史中關於建州的一部分的記載了。過去我曾把這書中涉及中國、朝鮮和朝鮮與建州、建州與明的史料輯錄為《朝鮮李朝實錄中之中國史料》一書，體例一仍原書。今更從史料中錄出李滿住事蹟為此文，中國方面資料大體上在稻葉君山《清朝全史》和孟

第六章　《朝鮮李朝實錄》記載的李滿住

心史先生的《清朝前紀》中均已引用，而此等資料所記載李滿住之事蹟，亦已大致見於《李朝實錄》中。此不再引。

一、李滿住之家世

李滿住在建州史中是一個著名的領袖，假如把建州史分成兩期，以努爾哈赤代表後期，無疑，李滿住是前期的代表人物。

滿住祖父阿哈出，明賜姓名李思誠，父釋家奴，明賜姓名李顯忠，在朝鮮李太祖朝服屬於朝鮮。《李朝太祖實錄》卷八四年（西元 1395 年）十二月癸卯條紀事：

> 自上即位，野人酋長遠至，移闌、豆漫，皆來服事，常佩弓劍入衛從征伐。如女真則幹朵里豆漫夾溫猛哥帖木兒，火兒阿豆漫古論阿哈出……等是也。上即位量授萬戶千戶之職，使李豆蘭招安女真，納賦服役，無異於編戶。

但未久復生反測，故太宗王午二年（西元 1402 年）十二月復有遣使招安之舉：

> 己巳遣判軍資監事辛龍鳳招安吾都里、兀良哈等以其不附也。（《太宗實錄》卷四）

同時明廷亦遣使招撫：

> 三年五月辛未三府會議女真事，皇帝敕諭女真，吾都里、

一、李滿住之家世

兀良哈、兀狄哈等招撫之使獻貢。女真本屬於我，故三府會議。其敕諭用女真書字不可解，使女真說其意譯之而議。（同上書卷五）

太宗四年三月甲戌遼東千戶王可仁（修）奉敕招諭女真至朝鮮，為設建州衛之計。時阿哈出入朝，為明帝言猛哥帖木兒，明廷即遣使王教化的經朝鮮齎敕招諭（同上書卷七）。

阿哈出一名於虛乙主，即於虛出。[157] 其女為明成祖妃：

> 太宗四年（西元1404年）十二月庚午遼東總旗張字羅小旗王羅哈時等至，上就見於太平館。李羅等奉帝敕諭授參政於虛出於建州衛者也。初帝為燕王時納於虛出女，及即位後除建州衛參政，欲使招諭野人，賜書慰之。（《太宗實錄》卷八）

同書六年（西元1406年）二月己卯條記：

> 大明立建州衛，以於虛出為指揮，招諭野人。（同上書卷一一）

---

[157] 於虛乙主和於虛山為同一名之異譯。即阿哈出。據西元1462年滿住上朝鮮書契「永樂二十年太宗皇帝諭父于虛乙主曰」語，似乎虛乙主為滿住之父，然阿哈出子釋家奴，於虛出子亦名時家奴，釋家奴即時家奴，阿哈出當即為於虛出，則書契所言當為祖父之略詞，或為譯文之誤也。據《實錄》滿住原住奉吉古城，於虛出則住鳳州。考鳳州為元開元路。開元在元魏稱勿吉，吉，即奉吉之轉音。《世宗實錄》二十一年九月節日使李思儉《聞見事目》記明廷斥滿住等有「今爾等又要般回鳳州牧豬地面居住」之語，則鳳州亦即勿吉，即奉吉古城，亦即元開元路。原為阿哈出釋家奴父子所住地，至滿住始被逼徙地也。至於虛出、時家奴二名上冠以金之稱號，則建州自稱為金之遺民，冠以金者表其為金後裔或即以金為姓，用於部落中以明其為貴族，其對明廷則仍用賜姓也。《實錄》記阿哈出事與李滿住恰相銜接，無一事及于釋家奴，似是釋家奴早死。

第六章 《朝鮮李朝實錄》記載的李滿住

三月丙申條記：

通事曾顯啟曰：「帝授於虛出參政子金時家奴為建州衛指揮使，阿古車為毛憐等處指揮使，阿難把兒遜為毛憐等處指揮僉事。」（同上）

金時家奴即釋家奴。妻康氏，曾於明宣德六年正月入朝明廷貢馬（《明宣宗實錄》卷七五）。於虛出住鳳州，同書十一年（西元1411）四月丙辰條：

鳳州即開元，金於虛出所居，於虛出即帝三后之父也。（同上書卷二一）

顯忠弟莽哥不花即阿古車，亦內附於明，官建州衛指揮。（《明宣宗實錄》卷一三）妻金阿納失里曾於明宣德九年四月入朝明廷貢馬（同上書卷一一〇）。子撒滿答失里繼之領毛憐衛官都督（《世宗實錄》卷六四、六六）。明正統十年三月奏願居京自效，從之，賜名曰忠（《明英宗實錄》卷一二七）。

滿住之初露頭角在明永樂末年，時已為中衛酋長，計其年當在二十以上（《世宗實錄》卷二四）。至明成化三年被誅，大概這老酋長死時的年齡當在六十歲左右。滿住有弟名阿古乙，《世祖實錄》己卯四年（西元1459年）五月辛丑條：

武忠等將率滿住、古羅哈等四人赴中朝，滿住病以其弟阿古乙代遣。（《世祖實錄》卷二〇）

有三妻，一出斡朵里（吾都里），一出兀良哈，一出火剌溫

一、李滿住之家世

(屓倫)(《成宗實錄》卷六四)。有八子：

十一年十月丙戌，禮曹條錄野人賣土所言以啟：李滿住住平原無草木之地，子八人曰古納哈、豆里、阿具、羅歹、毛屎那、多非那、劉時哈，一人名不記，凡子孫二十餘人。(《世祖實錄》卷四〇)

這是滿住死前一年的事。其諸子可考者長子有李古納哈，即果刺哈：

滿住管下王田保，今年七月隨同滿住長子果刺哈及管下人八名前來婆豬江舊居地面打圍。(《世宗實錄》卷一二三)

官兀良哈(建州中衛)都督(《世宗實錄》卷三〇)。據野人賣土的報告，在西元1429年時滿住管下不過三百人，馬四十餘匹，歸古納哈管領(同上書卷四六)。

有季子甫乙加大(甫古大)，滿住妾所出，滿住死後，屢謀興兵報復：

睿宗元年五月乙巳召廷臣議野人事，上問曰：「滿住之子，今存者有幾？」韓明澮等對曰：「但有妾子甫古大。」上曰：「其能招來乎？」明澮對曰：「今必不肯來。然甫古大未能收集部落，安能為患。」(《睿宗實錄》卷三)

以部落殘破，不能為朝鮮患。後乃勾引火刺溫諸部野人屢犯朝鮮邊境。

第六章 《朝鮮李朝實錄》記載的李滿住

　　成宗乙未六年（西元1475年）六月丁未金啟日：「李滿住季子因其母娶妻火剌溫，欲報父仇積有年紀。」（《成宗實錄》卷一二九）

　　自明成化十年十二月至十一年正月突至理山等鎮昌洲等口子侵掠失利。《成宗實錄》記：

　　建州賊寇邊屢矣，而兵至二千未有如今日者。李滿住子酋長甫加大者火剌溫娶女所出也。建州衛雖卷地而來不可得二千餘人，其請火剌溫兵明矣。（同上書卷一三〇）

　　次序不明者有亦當哈，《世宗實錄》卷一二三記己巳三十一年（西元1449年）二月壬申正朝使李光齊齎回明延敕諭內有：「頃者建州衛都督李滿住男亦當哈來朝」之文。

　　有打肥剌（多非那），明成化三年與其父同被朝鮮所殺。（《世祖實錄》卷四四）

　　有古郎巨，《文宗實錄》卷九：

　　元年（西元1451年）八月甲戌下諭書於平安道都節制使曰：滿住欲於九十月間遣其子古郎巨來獻土物。

　　有伊澄巨，《世祖實錄》卷一六：

　　四年（西元1458年）五月庚戌平安道觀察使元孝然馳啟野人李滿住子伊澄巨等十二人到滿浦欲上來。

　　有阿具，《世祖實錄》卷一七：

　　七月辛亥建州衛野人都督李滿住子都萬戶阿具等來獻土物。

一、李滿住之家世

有毛只乃（毛屎那），《世祖實錄》卷四四：

丙戌十二年（西元1467）十一月辛巳平安道觀察使吳伯昌馳啟：「李滿住子毛只乃來告曰：兀良哈阿邑可末乙彥率軍四百名繼多浪哈而去。」

有李豆里（李豆伊）即都兮（《端宗實錄》卷二），《明實錄》作都喜。李豆里與朝鮮關係最深，滿住諸子中豆里與古納哈常奉命向朝鮮報告寇變聲息，頗得朝鮮信任。《明實錄》記：「正統九年十二月癸酉授建州衛都督僉事李滿住子都喜為副千戶，從滿住奏請也。」豆里為兀良哈童速魯帖木兒婿，明景泰六年（西元1455）五月由童速魯帖木兒之介求上京朝見修好，閏六月入見：

己酉世祖見豆里於議政府，豆里曰：「速魯帖木兒使人言朝鮮異於昔日，故我父遣我朝見。」世祖曰：「汝父得罪先王，然今革面歸順，何不容受。」自後豆里及古納哈、阿具、伊澄哥等連續來朝，皆滿住子也。（《魯山君日記》卷一四）

世祖十三年（西元1468年）四月與其子雪胡赤追獲逃奴斜住（汪仲武）於高沙里堡，返家中途為斜住所擊殺（《世祖實錄》卷四六）。豆里子弓之加茂於明成化五年（西元1469年）六月入朝於明，受命繼父為建州都督並賜印。道使朝鮮通好（《成宗實錄》卷五）。其弟達罕都督繼之[158]復遣使與朝鮮通好。達罕明人

---

[158] 弓之加茂，事蹟但一見，達罕則《實錄》記其事蹟極多。弓之加茂於西元1469年左右襲職，正在明成化三年役後。達罕則至1482年始見於《實錄》，同為李豆

第六章　《朝鮮李朝實錄》記載的李滿住

記載稱完者禿，《成宗實錄》卷一四二：

十三年（西元1482年）六月癸亥平安道觀察使馳啟：「建州衛都督李完者頭即達罕遣指揮李買驢持印信呈文到滿浦鎮，請平安道入朝，且請邊邑互市。」

同書卷一五八：

十四年九月戊戌禮曹啟：「本曹餉建州衛野人李達罕子李多之哈等。仍問曰：乃祖豆伊（里）向中國傾心效順，特著誠款，汝知之乎？」答曰：「何不知之，目今之來欲追祖父之跡耳。」又語曰：「乃翁都督未嘗通款，前送嗣子，克修前好，良用嘉悅。」答曰：「我父豈不欲來朝納款，今送我輩，其意可知。」

明成化三年之役滿住子漏網者，據《成宗實錄》除甫乙加大外有㧕兒哈歹（卜兒阿歹），㧕兒哈歹或即甫乙加大，甫乙加大為朝鮮所稱之名，在奏報明廷檔案中則稱㧕兒哈歹，或原為二人，亦未可定。《成宗實錄》卷九：

二年三月丙申移諮遼東云：「建州衛野人李滿住子㧕兒哈歹說稱，曩在丁亥年朝廷征討建州衛時分，朝廷將俺父親與兄殺害，已於遼東總兵官根前告說欲要報復間，適因中朝敕招同類三百餘人入去，待本人等回還，四五月間草長馬肥，前去朝鮮江邊口子搶擄設法等因。……」

里子，李滿住孫，名字無相同處，當未必是同一人。且弓之加茂曾遣使朝鮮修好，1483年達罕子入朝，朝鮮人謂「乃翁都督未嘗通款」，則弓之加茂與達罕為兄弟相承甚明。

一、李滿住之家世

同書卷一七：

三年（西元1472年）四月乙酉建州衛野人左衛酋長卜哈禿右衛酋長李忘哈大語進賀使成任曰：「李滿住小子卜兒哈歹今離舊居西就卜哈禿所居近地，與舊居相距一日程。」

九年作賊遼東失利，自蒲州移住東良北無乙界等處（《成宗實錄》卷九二）。後為家人所殺，同書卷一一○：

十年（西元1479年）閏十月己未承文院參校鄭孝終上疏請罷兵曰：「夫建州酋長李滿住等誠心投化，素無仇怨，今以丁亥之戰，嗛至今，累次來犯，豈非為害之甚也。甲怒乙移而代人受敵，臣未知其可也。況今滿住之子孛兒哥反為家人所殺，則是為百年之運而我民去一仇家矣。」

有柳時哈即劉時哈，成宗十六年（西元1485年）十一月曾充都督達罕使節到朝鮮交聘（同上書卷一八五）。滿住諸子多受朝鮮官，如《魯山君日記》一四：

（明）景泰六年（西元1455年）閏六月甲寅以指揮僉事豆里為都萬戶。

《世祖實錄》卷一七：

四年（西元1459年）八月壬戌以野人都督李古納哈知中樞院事，李阿具同知中樞院事，依例給祿。

滿住諸孫有：甫當可，古納哈之子（《世宗實錄》卷三○）；時應巨（《世祖實錄》卷四六）；甫羅充，豆里之子（同上書卷

第六章　《朝鮮李朝實錄》記載的李滿住

四四);時波右,甫乙加大之子(《成宗實錄》卷一一〇)諸人。姪行有歹因哈,當是阿古乙之子(同上書卷七五)。

滿住之戚屬有凡察,凡察為童猛哥帖木兒之弟,猛哥帖木兒及其子權豆併為七姓野人楊木答兀所殺,滿住即娶權豆之寡婦。《世宗實錄》卷八九:

二十二年(西元1440年)六月丁亥滿住欲娶權豆之妻已定媒妁。

跋扈一時之建州左衛酋長童猛哥帖木兒之子童倉為滿住婿,右衛酋長班車為滿住妻弟。滿住死後,其孫弓之加茂、達罕相繼領中衛,左衛酋長為童倉之子吐老,右衛則班車之子甫花土、羅下二人分領之(《成宗實錄》卷一五八)。

二、李滿住的住地及建州左衛之西徙

建州介於三大國之間,西有新興的明,北有蒙古,南有朝鮮。建州在勢力強盛時,乘虛入寇,或助明攻蒙古,或聯蒙古寇明邊,或乘明之敝,抄掠邊境,或南下向朝鮮攻擊;在勢衰時,便卑辭求內服,同時受三國的官職,乞取賞賜糧食。

滿住部落原住奉吉古城,因迭被蒙古軍隊入侵,明永樂癸卯(西元1423年)得明廷許可移住婆豬江,世宗六年(西元1424年)滿住率管下指揮沈時里哈、沈者羅老、威舍歹、童所

老、盛者羅大等一千餘戶南徙定居（《世宗實錄》卷二四）。婆豬江亦作撥豬江，蒲州江，亦作蒲州，這四個名稱在李朝各朝《實錄》中到處互用。

滿住勢力的壯大和建州左衛之移住婆豬江是有相當的關係的。明宣德八年（西元 1433 年）原住斡木河之建州左衛童猛哥帖木兒父子為七姓野人所殺，部落殘破，朝鮮乘機拓境，加以壓迫。李滿住就利用這機會招引左衛西徙，因為他屢被朝鮮征討，兵力不能抵抗，想移居草河地面又不能得明廷允許，只能遠徙渾河，流離失所，猶恐朝鮮相逼，竄居山谷，不能安業。婆豬江土地肥沃，如能吸引左衛來住，兵力一充，便可合而抵抗。所以他就極力拉攏左衛領袖，和童猛哥帖木兒遺族聯姻：

世宗二十年九月庚午以童倉將求婚於滿住，傳旨令邊將責問之。（同上書卷八二）

又娶權豆（阿谷）的寡婦：

二十二年六月丁亥馬邊者、卞孝文奉書承政院曰：「千戶馬波羅來言：凡察、童倉等皆無叛離之心，但童權豆收養子指揮老古赤父母皆在李滿住部落，滿住欲娶權豆之妻，已定媒妁，指揮大也吾乃權豆妻之同產也，故此三人與前日資產被奪斡朶里三十餘人同謀，數請凡察等徙居李滿住部落。」（《世宗實錄》卷八九）

凡察自其兄死後，即入明朝見，受繼兄統部之命，懼忽剌溫侵掠求徙朝鮮境內被拒，朝鮮又移寧北鎮於斡木河，益反側

第六章　《朝鮮李朝實錄》記載的李滿住

不安（同上書卷六五）。乘入朝時到婆豬江李滿住家流連累日，密相計議，為移居之備（同上書卷六四）。一面奏請明廷求允移住，世宗十七年二月明廷許之，其敕書曰：

敕諭建州衛都指揮李滿住等，今建州左衛都督凡察等欲率領部下大小官民人等及百戶棗火等五十家具來爾處居住，已敕其同毛憐衛都指揮郎不兒罕等一同前來居住，特諭爾等知之，故諭。（同上書卷六七）

又怕朝鮮阻留不放，奏請明廷敕諭朝鮮勿阻（同上書卷八〇）。朝鮮方面聞訊極惶急，即奏請明廷勿許移住，理由是：

比來童倉、凡察等所居地方切近本國後門，其被虜人口容易逃來，益生恨心，欲要搬移。見今李滿住等仇嫌本國，往來作耗，兩相結構，曾未解忿。倘若本人等與李滿住一處聚居，同心作賊，本國邊患益滋不絕。（同上書卷八〇）

同年五月明廷許朝鮮所請（同上書卷八一）。朝鮮大喜，極力招撫左衛，誘引來朝，授童倉等高爵。滿住見事不成，立奏明廷揭破朝鮮用意，明廷得息降敕朝鮮仍令左衛西徙渾河：

敕曰：「今得建州等衛都指揮李滿住奏：都督凡察指揮童山自永樂年間歸順朝廷，開設衛門，降給印信，屢蒙恩賞，升授重職，聽令管領部屬在邊自在居住，已有年矣。今凡察等不思出力報效，背國負恩，聽朝鮮國王招引去見，受其鞍馬衣服等物，就於本國鄰近地方相參住坐。又令毛憐衛都指揮郎不兒罕及凡察男阿哈答等來誘引李滿住等前去朝鮮國一同居住，並

二、李滿住的住地及建州左衛之西徙

本國收留逃叛楊木答兀下人口。然此事未知虛實,俱置不問。已遣人齎敕往諭凡察等即將帶原管人民及挾同都指揮李將家指揮佟火儞赤等家屬並各人部下大小人口與收逃叛楊木答兀下人口,俱來遼東附近渾河頭與李滿住一處完聚。」(《世宗實錄》卷八四)

朝鮮遣使陳奏,斥李滿住所言為「虛捏」,並說童倉等已安生樂業,請勿搬移。明廷又聽其請,但令朝鮮敕戒童倉等安分守法,勿作非為(同上書卷八五)。但是凡察已決心和滿住合夥,再具奏請求移居,明廷先入朝鮮之訴,不許其請。朝鮮節日使李恩儉《聞見事目》記其經過說:

凡察遣指揮童答察兒奏云:「皇帝再敕朝鮮使我與李滿住一處居住,今朝鮮尚不解送,且禁打圍不得自由,請遣使於朝鮮,使我如敕解送與李滿住一處居住。」皇帝不允其奏,敕凡察曰:「往者建州衛指揮李滿住等屢奏搬取爾等移來遼東渾河頭一同居住,已遣敕諭朝鮮國王禁約彼處軍民不許阻當,仍差人護送出境,聽爾等搬移前來。既而得朝鮮國王奏李滿住等虛捏奏請,妄稱爾等欲移來同住。朕唯四海一家,彼此皆朕人民,況朝鮮國王世守禮法,必不敢擅自拘占,已諭其若果凡察、童山等在鏡城地面安生樂業,仍聽爾等在彼居住,不必搬移。今爾等又奏要搬回鳳州放豬地面居住,緣在此在彼均是朝廷官屬,茲特遣敕往諭爾等遵奉朝命仍在彼居住,朝鮮國王必能撫卹爾等不致失所。今爾等須守本分以安生理,朝廷或有敕召爾等來朝,或有征伐調遣,爾等須即聽命前來效力不違,庶見爾等敬

第六章　《朝鮮李朝實錄》記載的李滿住

天事大之誠。」(同上書卷八六)

明廷既不許移住，朝鮮又專事侵逼，童倉、凡察等只能舉族逃去。次年(西元1440年)四月咸吉道都節制使金宗瑞報告童倉、凡察等率麾下舉家逃去，被朝鮮軍隊追截，棄其資產馬畜，只著破衣逃脫，麾下四十餘人被獲(《世宗實錄》卷八九)。六月間率管下三百餘戶逃至婆豬江，住白頭山西南亐多幹之地(同上書卷九〇)。

世宗二十三年(西元1441年)正月明廷敕許同住。朝鮮自此多樹一敵。李滿住則自此一躍而綜三衛，發縱指示，為明和朝鮮的大患。

西元1424年滿住從回波江、方州(元開元路)一帶避韃靼和兀狄哈的侵耗移住婆豬江多回坪一帶(同上書卷二五)。世宗十五年(西元1433年)四月朝鮮分兵七道來伐(同上書卷六〇)滿住被箭，妻小被殺(同上)。被擄六十四口(同上書卷三一)。部族流離四散，懼逼復移居開原遼東近地之虎狼衛(同上書卷六七)。十年後似又移住於秋子河城，《世宗實錄》卷一一二，二十八年(西元1446年)五月己丑條：

> 平安道監司啟：百戶張乙敬追茂昌入寇野人至羅里乃洞，得野人柏皮書，使人譯之，其文曰：「重治海子領兵將軍衛斯何處重治上文書，前者隨皇帝歸順效力，二家為一家，忽剌溫亐知介毛同古等擄掠之，故吾百姓盡了，是以報復而來。」譯者曰：「重治李滿住領兵中軸也，衛斯何處乃滿住時居秋子河城

二、李滿住的住地及建州左衛之西徙

也。海子未詳。」

明景泰元年（西元1450年）十二月蒙古脫脫不花王侵海西，海西建州等處逃避一空，《文宗實錄》卷六：

> 脫脫兵三萬於臘月二十三、四日間到海西，執不剌吹殺之，其部落降者不殺，不順者皆殺之。指揮剌塔以下一二百人逃奔黑龍江松林等處。建州衛李滿住聞脫脫王殺掠海西人，奔竄山林。脫脫不窮進，還於海西，海西、建州等處一空。

滿住逃回婆豬江，童倉、凡察逃於東分水嶺八渡河極南（《文宗實錄》卷七）。滿住使人示意於朝鮮，謀入居白頭山北南羅爾夫尼衛或慶源地訓春（同上書卷八）。據被擄逃來唐人唐貴、張順等之報告，滿住所逃之地距婆豬江二日半程，距前居渾河十日程：

> 滿住曾居渾河，今年三月畏達達及遼東軍馬，率部下移居渾河迤南十日程枉天地面。自枉天以南二日程地名五未何吾，五未以南半日程地名婆豬江。自婆豬江至枉天道路不險，其間雖有川河，人馬皆可通行。五未西邊有兀剌山城，滿住管下人等常言山城險阻，西不畏遼東，北不畏達達，唯南邊朝鮮軍馬甚可畏，然避亂之地莫如此處，今年秋後當來居於此。（《文宗實錄》卷九）

這是文宗元年（西元1451年）八月辛未的報告，兩天後朝鮮政府又得報告，確實知道滿住的新住址：

第六章　《朝鮮李朝實錄》記載的李滿住

甲戌下諭書於平安右道都節制使曰：「今來左道都節制使啟本節該：李滿住管下金納魯等六名到江界地面滿浦，問其來由，則曰脫脫兵馬擊海西衛殺虜人物，因此滿住不得寧居，今年三月還居兀剌山城甕村。」

凡察子甫下土則移居甕村迤北十五里吾毛水之地。充尚則移居甕村。上項滿住管下一千七百餘戶，充尚、甫下土管下共六百餘戶。……（同上書卷九）

滿住所居地據另一報告為凡兒彌河，其遷徙原因為懼明征伐：

滿住及童卜化禿（凡察之第三子）等嘗假稱達子，屢寇遼東，俘虜邊氓。畏其來討，自原居蘇子河移住凡兒彌河阿坡里等處。（同上書卷一二）

蘇子河為渾河支流，凡兒彌河阿坡里當是兀剌山城附近地名。和朝鮮的江界渭原相距才二三日程。甕村亦名雍村。十年後又移居距雍村一日程地（《世祖實錄》卷二九），距滿浦百餘里。北距火剌溫地面三四日程，南距兀剌山城二日程（同上書卷三九），距理山八日程，所住地名所老非羅多（同上書卷四〇）。

明成化三年（西元 1467 年）明和朝鮮合兵攻建州，朝鮮大將康純、魚有沼、南怡於九月二十五日渡鴨綠江分道進，二十九日攻建州東北婆豬江李滿住等所居諸寨，三十日攻吾彌府諸寨，斬李滿住及其子古納哈、打肥剌等二百八十六級，生擒滿住、古納哈之妻等男婦共二十三名口（同上書卷四四）。

婆豬江即今佟佳江，兀剌山城在婆豬江左岸懷仁附近，吾

彌府當即上述之五未何吾，與朝鮮之滿浦相對。

三、明與朝鮮兩屬下之李滿住

滿住部族介於三大國之間，在四十年酋長生活中，管領著不滿二千戶的部落，朝鮮和遼東的邊民不斷地被他的部族所襲擊，使兩國政府不能不設法羈縻，減輕邊患。他的辦法是：寇明則親蒙古，寇朝鮮則又親明；在另一方面他又自居後臺的策士，指使其他部族向明和朝鮮侵略，功成則坐地分贓，失敗則脫身事外；又時時向被侵略者獻殷勤，博取賞賜，有時且舉發他自身所指使的寇變，先期告密。他的失敗是同時得罪了兩個大國，又不能得第三者的障庇，在明和朝鮮雙方夾擊下，無地退避，終於束手被滅，建州為之驟衰。

滿住招引左衛同住，這件事在朝鮮固是失策，極力挽回終於失敗。在明廷一方面，從得到朝鮮懇切的請求後，在同樣的情況下也意識到讓三衛合住厚集敵力之非計，下敕禁止（《世宗實錄》卷八六）。

二十一年（西元 1439 年）九月壬申吾都里毛多赤來告曰：「聞忽剌溫野人赴京師者言，凡察等奏請移居婆豬江，帝覽奏大怒，令考其前此開陽城等處虜掠事蹟比之，遂不準所請。」

第六章 《朝鮮李朝實錄》記載的李滿住

在這樣的情形下,滿住能勾結凡察和素來親朝鮮的童倉舉族逃來同住,這真是一件不容易的事情。

李滿住在明人和朝鮮人的心目中都是一個可怕的鄰居,西元 1459 年朝鮮王曾和明使陳嘉猷有過這樣的談話:

(明責朝鮮交通野人,擅授官職)上令金何答曰:「古納哈、童倉曾受本國之職,李滿住子四五人頻頻來往,其子一人前月來還。此輩人面獸心,若不許來,即生邊釁,不得已而待之,有自來矣。」嘉猷曰:「朝廷亦知此輩易生釁端,此輩與畜生一般,今年受職,明年又欲受職,欲心無窮,朝廷所知。」(《世祖實錄》卷一六)

明之不敢痛絕,也是怕引起邊釁。世宗二十三年(西元 1441 年)四月明廷諭朝鮮敕書中有這樣的話:

彼凡察、李滿住輩朝廷不過異類畜之,飢窮來歸則矜閔而芻豢之,所不絕之者亦意彼得所止,則或者不肆竄竊於王之境,非有厚彼之施也。(《世宗實錄》卷九二)

這不過是一種外交辭令,口說是為朝鮮其實還是為自己邊境的安全。

滿住對明比較肯低首下心,除例貢外有時會自告奮勇地賣力氣,聽指使。例如捕土豹:

世宗十四年(西元 1432 年)十二月滿住承聖旨入深遠處,捕土豹。(同上書卷五八)

三、明與朝鮮兩屬下之李滿住

出兵扈從:

二十九年(西元 1447 年)六月通事金辛回自遼東啟:「達達也先太師屯兵黃河,冬月欲攻海西野人,遼東閱軍隄備。建州李滿住曾往北京,自請扈從,閏四月挈家赴京。」(同上書卷一一六)

擒送邊寇:

文宗二年(西元 1452 年)三月戊午明使金寶告都承旨姜孟卿曰:「皇帝招致李滿住、童倉而不招卜哈禿,卜哈禿慊之,搶奪遼東牧馬十七匹而去。皇帝敕滿住等拿卜哈禿以來,否則當擒殺汝輩。滿住督卜哈禿赴京,卜哈禿不去。滿住曰見咎於爾猶可也。若得罪皇帝,則我輩無所逃矣。遂拿卜哈禿而歸。」(《文宗實錄》卷一二)

同時又出兵掠擾,有時聽蒙古人指使,有時則假裝蒙古軍入寇。有明確記載可考的如下列幾次:

(明)景泰元年(西元 1450 年)四月壬辰,時韃靼脫脫王屯兵廣寧、遼東近地,也先屯大同城外,李滿住諸種野人皆投於彼,聲言將擊遼東以及朝鮮。(《文宗實錄》卷一)

這次寇邊當時即被明廷發覺,降敕朝鮮謹備:

八月甲戌敕曰:「近得鎮守遼東總兵等官奏報,四月二十六日以來開原、瀋陽等處各報達賊入境搶掠人畜,及攻圍撫順千戶所城池。審得各賊系是建州、海西、野人女真頭目李滿住、

第六章　《朝鮮李朝實錄》記載的李滿住

凡察、董山、剌塔為北虜迫脅,領一萬五千餘人馬前來為寇,當被守備官軍追擊出境。又稱再添人馬前來攻擊……云云。」(同上書卷二)

被利用的結果是脫脫攻海西,滿住懼不敵奔竄山林(同上書卷六)。

同書又記:

滿住及童卜花禿等嘗假稱達子,屢寇遼東,俘虜邊氓。(同上書卷一二)

明欲調兵征剿,始各畏懼,將其所搶人口送回赴京服罪(同上)。《世祖實錄》卷二乙亥(西元1455年)八月辛亥條:

七月二十二日總兵官曹義與通事樸枝言曰:「野人李滿住要結三衛達子假稱也先兵馬,橫行作賊。」

世祖七年(西元1462年)八月復聯蒙古入寇,《實錄》卷二九:

壬午謝恩使金系熙、姜希顏先遣通事張有誠啟聞見事目:「五月二十九日還到寧遠衛,指揮盛光云:達賊與建州、毛憐等衛野人連結,今在沙河北長城外二十里之地。」

次年復入寇,報殺海西人之仇,《世祖實錄》卷三一:

癸未(西元1463年)十月乙巳咸吉道都節制使康純馳啟:「建州李滿住、童山等送箭於毛憐衛,約合兵欲寇中國或寇朝鮮。」又千秋使宣熅等聞見事件云:「去年馬鑑奉敕將往海西到開原

三、明與朝鮮兩屬下之李滿住

衛,海西人拒而不納。適海西人獵開原長城外,開原人殺之,因是海西人連結建州衛橫逆不入貢。今武忠奉敕往海西招撫,又往建州衛招撫。」

十一月戊午康純馳啟:「蒲州人與火剌溫相應發兵,謀寇遼東及甲山、義州等處。」

世祖十二年(西元1467年)十月蒙古軍逼廣寧,野人等圍開原(《世祖實錄》卷四四)。據唐人終信的報告滿住部落曾被明兵攻殺:

十月二十五日野人入通遠堡殺擄人畜,指揮劉英出戰死之。賊分屯夫乙原里、深浦、雙嶺,往來剽掠,鄧御史領千餘兵戰琥珀洞不勝而還。胡參將王指揮亦到開州追戰。又宋參將、朱參將領兵直到李滿住所居,執滿住問其子等所在,仍攻殺所管三屯,縛致滿住及家屬於胡參將、王指揮在處。(同上)

自後入寇不絕,明廷下令禁止貿易:

十三年(西元1468年)正月戊寅野人李豆里來信,建州衛居人等剽掠中原,故不得貿易於遼東地面。(同上書卷四五)

但建州部族仍出沒遼陽,三月間海西衛千餘兵屯於白塔,毛憐衛千餘兵屯於連山,建州衛五百餘兵屯於通遠堡(同上)。明廷不堪其擾,遂定與朝鮮夾攻之計。

建州在明廷的眼光中是桀驁不馴的屬夷,在朝鮮人看來也是如此。明廷用賞賜爵祿羈縻,朝鮮人也用同樣的手段去對付。

第六章 《朝鮮李朝實錄》記載的李滿住

但是在事實上,朝鮮又是明的屬國,在兩屬的情勢下,不可避免地引起明廷的猜嫌。朝鮮世祖即位後極力招徠建州,建州野人相率來朝。明景泰七年(西元1456年)二月李滿住、充尚(童倉童山)均請由平安道入朝,當時朝鮮君臣曾有如下的討論:

丁巳上謂大臣曰:「李滿住請由平安道之路來朝,許之否?」韓確啟曰:「中朝禁中國不與此輩交通,鄉者野人之來中朝必聞,況滿住有名,不可招來。且開平安道之路使彼知夷險適直亦不可。」上曰:「中朝之與中國,雖敕之如此,野人入朝則饋遺甚厚,此中國之深謀也。古人云以蠻夷攻蠻夷,中國之勢,此即今日中國之謀也。在中國固當待之以厚,豈可陷於中國之術乎?」(《世祖實錄》卷三)

建州先處朝鮮東北,例由咸鏡道入朝,後西徙婆豬江,朝鮮為國防的關係,仍要他們繞一個大圈子由咸鏡道出入。韓確和明帝室締姻,是一個親明派,世祖則頗有野心,主極力招撫之說,形跡既露,建州部人遂嚮明告密:

己卯(西元1459年)二月己巳奏聞使金有禮馳啟:「廣寧百戶黃英密與臣言:建州都指揮李兀哈、童火儞赤(佟火爾赤)等訴於總兵官曰:都督童倉今秋到朝鮮,朝鮮國王每日賜宴,又賜鞍馬衣服弓劍,度其勢必有招撫之意。總兵官曰:汝等聞諸何處?李兀哈等曰:我輩眼所共見。仍告賞賜物件。總兵官即與太監奏達,祕不宣。遣經歷童成前去童倉處所窺覘情偽。」(同上書卷一五)

三、明與朝鮮兩屬下之李滿住

滿住和童倉同請入朝,而此告密不及滿住,其為滿住所指使無疑。至少告密的是滿住部下,不能說滿住和這次告密無關。同年四月明使陳嘉猷、王齋敕來責問,禁止交通。據明使口頭之言:

> 朝廷意以為此二人(古納哈、童倉)曾受朝廷都督職事,殿下又加授職,於理未安。(同上書卷一六)

則實為宗主權之爭執。同年七月復降敕嚴責,敕云:

> 王以為欽遵敕諭事理,許其往來。但(明)宣德、正統年間以王國與彼互相侵擾所降敕諭,故欲令釋怨息兵,各保境土,未嘗許其往來交通,除授官職。且彼既受朝廷官職,王又加之,是與朝廷抗衡。(同上書卷一七)

朝鮮自此不敢公然招納,敕邊將不許交通:

> 八月乙卯諭平安道觀察使都節制使曰:「若李滿住、童倉等使送到滿浦等處,當諭以上國詰敕交通之意,以杜頻頻往來。」(同上書卷一七)

滿住對朝鮮的態度也和對明同樣的狡詐,在遭天災或歉收時則卑辭叩邊乞糧:

> 世宗七年(西元1425年)正月辛卯平安道監司馳報:「野人李滿住等百七十三名到江界,童修甫答等二百六名到閭延俱以請糧為辭,留連不還。」令小給回程糧,如不還歸,則嚴兵設備,臨機應變。(《世祖實錄》卷二七)

第六章　《朝鮮李朝實錄》記載的李滿住

朝鮮為之疲弊：

十七年（西元1435年）十二月庚子兵曹啟：「婆豬江野人託以乞糧而來，若許留則相續不絕，供億之弊不少。且譎計難測，陽為歸附，陰糜糧餉。乞令給糧遣還，後有出來者並不許留。」從之。（同上書卷七〇）

有警則遣使預報，如：

十七年正月丁亥建州衛都指揮李滿住遣使來報：「忽剌溫千餘騎欲侵犯朝鮮，已啟行矣。」（同上書卷六七）

果然兩天後閭延即被圍攻。如：

世祖庚辰（西元1460年）十一月甲辰建州衛李滿住遣人馳報：浪孛兒罕親黨火剌溫可昌哈率千餘兵欲犯邊。（同上書卷二二）

不到幾十天，閭延果然被寇。其子古納哈、豆里尤為朝鮮所信任。世祖七年（西元1461年）自八月十日至九月四日凡五次報變，至以賊虜發兵時日來告（同上書卷二六）。丙戌（西元1466年）二月世祖諭邊臣有「豆里告變，未嘗不實」之語（同上書卷三八）。時時遣使朝貢輸誠。壬午（西元1462）十二月滿住以他部趙三波等屢犯朝鮮，懼並被攻剿，上書乞自效，其書契曰：

（明）永樂二十年太宗皇帝諭父於許乙主曰：「達達侵擾，汝是皇親，若被擄則名譽不美，汝可移居蒲州地，朕當諭朝鮮

三、明與朝鮮兩屬下之李滿住

國王。」(明)永樂二十二年移住。(明)宣德七年火剌溫兀狄哈毛都古入寇大國。宣德八年四月十九日大國發兵七道入攻,盡殺父子兄弟妻子,擄六十四口,後乃遣還。滿住猶不敢報,移居開原、遼東近地。達達之兵侵中國,又侵我等,我還蒲州江。(明)天順五年趙三波奏於皇帝曰叔父浪孛兒罕無罪被殺於朝鮮,欲要報復,帝為止之。又曰今上撫卹小人之子,特受高職,賜之鞍馬,報恩無路,只欲直心效力。(《世祖實錄》卷二九)

同時卻又乘機不斷入寇,世宗十五年(西元 1433 年)四月朝鮮嚮明廷奏請討伐,奏曰:

竊詳婆豬江、斡木河等處地面散處野人等類與叛人楊木答兀結為群黨,擄掠遼東、開元等處人民,買婦及本國邊民為奴使喚。前頭被擄人口等不勝艱苦,自永樂二十一年以後連續逃來本國,共計五百八十名口,審問根腳,委繫上國軍民,節次差官解送五百六十六名口,內有本國人口仍令安業。因此野人等積年含憤,侵擾本國邊境,為害不少。今來婆豬江住野人等稔惡不悛,糾合約類野人四百餘騎,於各人面上刺做忽剌溫野人貌樣,突入邊郡江界、閭延等處殺害軍民男婦,劫掠人口牛馬財產,孤人主子,寡人之妻,其為酷害尤甚。不但輕蔑本國,乃敢為欺罔朝廷,詐稱忽剌溫地面野人等搶去人口頭匹,奪下拘留在衛。臣竊謂忽剌溫地面與本國相去遠,為本無仇嫌,乃緣婆豬江等處野人等誘引前來,託為賊首,本非忽剌溫野人造意作耗。即日本人等又欲作耗窺伺邊郡,事若倉卒,難

第六章　《朝鮮李朝實錄》記載的李滿住

以應變。著令邊將部領軍兵前去,從宜設策及機處置。(《世宗實錄》卷六〇)

奏章未發時朝鮮已敕平安道都節制使崔閏德率軍進攻,三月二十七日命三軍節制使李順蒙等分兵七道,四月十九日昧爽行師,射傷李滿住,殺死其妻小,俘虜其部下一百七十五名而還(同上)。十七年(西元1435年)正月七月九月建州復連續入寇(同上書卷六七)。十二月癸卯滿住又遣使來獻土宜,並辨寇盜為忽剌溫野人所為,與本人無涉(同上書卷七〇)。十八年二月癸丑明敕備兵剿滅,敕曰:

所奏建州衛都指揮李滿住稔惡不悛,屢請忽剌溫野人前來本國邊境劫殺等事具悉。蓋此寇禽獸之性,非可以德化者,須震之以威。敕至王可嚴敕兵備。如其再犯,即剿滅之,庶幾邊民獲安。(《世宗實錄》卷七一)

十九年(西元1437年)七月丙午條:

傳旨平安道監司,俟機潛滅婆豬江李滿住。(同上書卷七八)

以都節制使李蕆為大將,九月初七日分兵三道:上護軍李樺領一千八百十八人向兀剌山南紅拖里;大護軍鄭德成領一千二百三人向兀剌山南阿閒皆自理山越江;李蕆與閭延節制使洪師錫、江界節制使李震領四千七百七十二人向甕村、吾自岾、吾彌府等處,自江界越江。三路軍皆獲捷,焚搜古音閒、兀剌山城及阿閒地面、吾彌府,凡殺獲賊六十名(同上)。滿住

被剿,使部下揚言恐嚇報復,將害朝鮮入朝使臣於東八站路(同上書卷七五)。一面遠遁渾河,竄居山谷,不能安業,糧餉匱乏,其管下人或持土物往來開原買賣覓糧,或往遼東覓保寄住(同上書卷八二)。時左衛童倉、凡察等受朝鮮旨來招撫,滿住即具奏明廷詰斥其背國負恩,請依前敕勒令移來同住(同上書卷八四)。

三衛合住後,滿住勢力復振,時鄰時寇,二十三年(西元1441年)閏十一月滿住、凡察使人來朝(同上書卷九四)。又入貢明廷,自陳敬遵朝命,安分守法(同上書卷九六)。明景泰五年(西元1454年)十一月遣使乞賜鞍馬(《端宗實錄》卷一二)。世祖二年(西元1457年)二月遣使請由平安遣入朝(《世祖實錄》卷六)。朝鮮亦曲意撫納,令邊將加意接待(同上書卷一六)。但令避明使耳目。己卯(西元1459年)三月丁未:

諭平安道觀察使元孝然都節制使具致寬曰:「野人來服,中國之上策,卿等獨知,然上國所惡。故使臣回還間,建州衛野人來朝者勿許上送。給行糧鹽醬送還。」(同上書卷一五)

此後三衛小酋時時入侵,滿住一面使人告密,一面又陰為謀主。壬午(西元1462年)三月癸丑條:

咸吉道都觀察使康孝文據鍾城節制使申興智呈馳啟:「阿赤郎耳住兀良哈吾同古到鍾城告曰:女真毛尼可到吾家言曰吾等及同里住火剌溫兀狄哈都督尼應可大、汝羅豆等率兵五十將入寇平安道,去二月到李滿住家議之。滿住曰:江水解冰,且前

第六章　《朝鮮李朝實錄》記載的李滿住

年秋入寇,以此平安人皆入保城內,勢難攻城。又汝等馬瘦,待草長農民布野入寇為可。遂還養馬練兵。」(《世祖實錄》卷二八)

時野人趙三波、阿乙豆等聲言報仇,掠擾不已。朝鮮不能忍受,決心一網剿滅(同上書卷三三)。李滿住等得息大懼,數遣使請入朝被拒,不得已將家財妻孥並移山幕,每日出後下本家,申時還山幕,遠處土田不得耕穫(同上)。滿住子豆里得朝鮮許可移居皇城平,以朝鮮待遇甚薄,復歸故居(同上書卷三四)。乙酉(西元1465年)二月豆里入朝於明,請敕朝鮮勿攻。明為降敕令朝鮮勿妄興兵。(同上書卷三五)

朝鮮政府早定征伐之計,邊將積極備戰,建州人來往邊境者見滿浦屯集大軍船艘,知遲早不免被攻,欲先事圖之,通部屬兵秣馬,剋日入寇(同上)。丙戌(西元1466年)秋冬之間,建州毛憐諸部連寇明境,次年明使來約夾攻,遂一舉而滅建州。

四、李滿住之滅亡

世祖十二年(明成化三年,西元1467年)五月兀良哈大舉寇義州,朝鮮君臣大憤:

戊辰上召宗宰及諸將謂曰:「野人千餘兵殺掠我人畜以去,將坐受其辱乎?聲罪致討乎?」群臣相顧莫敢言。上曰:「卿等

四、李滿住之滅亡

難其事不言耶?」都總康純對曰:「固當大舉討之,但時方盛夏,弓力解弛,雨水漲溢,恐不得利而還。當俟秋高馬肥,分道而入,火其委積,使其無所資,則虜可殲矣。」眾議紛紜,御札示之曰:「今野人既凌中國,又侮中國,是非宏圖遠略,專以好亂無知,見利則貪耳。無體統故無紀綱,小敗則逃散,小勝則分贓,此敵情也。近野人趨附於我,故中朝忌之,中國事事從敕,故信之。到今如此,故欲攻之。攻之利:則效力中國也;邊警永息也;備禦益固也;使不得農作也。害:則未知雨水也;虛備糧餉也;代人受敵也;疲於奔命也。」申叔舟、韓明澮曰:「虜今得利於我,頗有驕心,無所備戒,乘其不意擊之為便。」上頗然之。(《世祖實錄》卷四二)

遂定策以綾城君具致寬為都體察使,康純、吳子慶、魚有沼、崔適、李克均等為裨將,領精兵一萬五千,分五道進攻。(同上)

八月庚戌得遼東左都御史李秉、總兵武靖伯趙輔移諮云:

建州三衛世蒙國恩,授與官職以榮其身,撥與土地以安其居。邇者悖逆天道,累犯遼東邊境,致廑聖慮,特命當爵等統調大勢官軍,將以搗掃其巢穴,絕其種類,以謝天神之怒,以雪生靈之忿。但緣建州後路與朝鮮國地方相連,慮有殘賊敗走,遁入彼國邊方逃命投生。已經議奏敕朝鮮國王隨機設備,截其後路,倘遇建州窮寇,奔遁到彼,就便截殺。(同上書卷四三)

第六章 《朝鮮李朝實錄》記載的李滿住

朝鮮即更命右參贊尹弼商為平安道宣慰使,令節制諸軍進攻。

九月丙子明廷復敕朝鮮遣偏師相應剿滅建州。遼東遣百戶白顒來告師期。世祖預敕諸將緩幾,勿與明將爭功。康純、南怡等所領軍於二十四日渡江,二十五日與魚有沼軍會於皇城平,約勒兵二十七日行軍,分二道入攻。(同上)

明軍方面:總兵官韓贇參將周浚等領一萬三千兵,九月二十日先發向通遠堡草河口;總兵裴顯都指揮夏霖等領一萬三千兵,二十二日發向咸場;都御史李秉太監黃順大總兵官趙輔為中營,傾二萬六千兵,二十四日發向牙笏關;總兵官王英參將黃端等領一萬三千兵發向撫順所;參將孫璟副總兵武忠少監魏良等領一萬三千兵發向鐵嶺衛(《世祖實錄》卷四四)。

明和朝鮮用十萬以上的兵力夾擊建州,明軍後期未至,朝鮮軍則直抵窟穴,一舉成功。十月壬寅朝鮮政府得到捷報:

> 主將康純奉書於承政院以啟曰:「臣領兵九月二十六日與右廂大將南怡自滿浦入攻婆豬江。斬李滿住及古納哈、豆里之子甫羅充等二十四名;擒滿住、古納哈等妻子及婦女二十四口;射殺未斬頭一百七十五名;獲漢人男一名女五口,並兵械器仗牛馬;焚家舍積穀。退陣以待遼東兵,累日無聲息,故本月初二日還師,初三日渡江。又左廂大將魚有沼自高沙里入攻阿彌府。斬二十一級;射殺未斬頭五十;獲漢女一口,並兵仗器械牛馬;焚家舍九十七區。亦與遼東兵不遇。」(同上)

四、李滿住之滅亡

滿住被殺，建州餘部逃散，世祖復諭諸將：

凱旋之後，伺賊複穴，即更整軍士，須期殄滅建州，然後乃已。

終以餉芻不繼，不能復舉，罷兵而還。凱旋後世祖和康純有過一次這樣的談話：

十一月辛巳上謂右議政康純曰：「即徵建州，砍白木而書之，然乎？」純對曰：「然。」上曰：「書云何？」對曰：「朝鮮大將康純領兵一萬攻建州。」上曰：「攻字未快，滅字最好。」（同上）

事實上滿住被殺時部屬不過五六十家。《成宗實錄》卷八五：

八年（西元1477年）十月庚申武靈君柳子光上劄子曰：「丁亥年臣亦從徵建州，滿住部落五、六十家，人丁稀少，生理可惜。」

被剿後遺民不過數百人：

六年（西元1475年）二月壬午諭魚有沼曰：「建州之賊於前年十二月二十二日寇理山，今正月二十三日寇昌州，二十五日寇碧團，退屯於距碧團十五里之地。或曰三千餘騎，或曰四千餘騎，或曰八千餘騎，以此觀之，雖不至八千，亦不下三、四千，實非小賊。李滿住種落才數百耳，必是並左右衛、普花禿、童倉種落而又請兵於諸種也。」（《成宗實錄》卷五二）

又七年二月乙未條：

第六章　《朝鮮李朝實錄》記載的李滿住

建州賊寇邊屢矣。而兵至二千未有如今日者。建州衛雖卷地而來不可得三千餘人。（同上書卷六四）

由此可知，滿住父子雖被朝鮮所殺，其本部實力仍然存在。事後遺部紛紛寇邊，仍為明和朝鮮的威脅。明成化四年（西元1468年）冬野人復犯遼東，邊將集兵謀討伐，使海西野人及蒙古人往諭降，建州三衛野人頭目七人聞命即來投順，明廷即命罷兵（《睿宗實錄》）。五年四月築長牆，自撫順千戶所至朝鮮碧潼江邊，設堡置墩戍守（同上）。朝鮮方面亦懼野人遺種報復，事後即派重臣巡邊（《世祖實錄》卷四四）。成宗七年（西元1476年）八月復立仇寧萬戶（《成宗實錄》卷七〇），備建州入侵。建州自後數衰數盛，一百二十年後而有努爾哈赤崛起。

四、李滿住之滅亡

國家圖書館出版品預行編目資料

誰在史書撒了謊？吳晗破解歷史的誤讀與偽證：《金瓶梅》作者到底是誰？牛郎織女又是如何跟西王母扯上關係？穿越百年迷霧，吳晗揭開塵封的真相亡 / 吳晗 著. -- 第一版. -- 臺北市：複刻文化事業有限公司, 2025.05
面； 公分
POD 版
ISBN 978-626-428-137-9(平裝)
1.CST: 中國史 2.CST: 通俗史話
610.9　　　　　　　　114006140

誰在史書撒了謊？吳晗破解歷史的誤讀與偽證：《金瓶梅》作者到底是誰？牛郎織女又是如何跟西王母扯上關係？穿越百年迷霧，吳晗揭開塵封的真相

作　　者：吳晗
責任編輯：高惠娟
發 行 人：黃振庭
出 版 者：複刻文化事業有限公司
發 行 者：崧燁文化事業有限公司
E-mail：sonbookservice@gmail.com
粉 絲 頁：https://www.facebook.com/sonbookss/
網　　址：https://sonbook.net/
地　　址：台北市中正區重慶南路一段 61 號 8 樓
8F., No.61, Sec. 1, Chongqing S. Rd., Zhongzheng Dist., Taipei City 100, Taiwan
電　　話：(02) 2370-3310　　傳　　真：(02) 2388-1990
印　　刷：京峯數位服務有限公司
律師顧問：廣華律師事務所 張珮琦律師

-版權聲明-

本書版權為樂律文化所有授權崧燁文化事業有限公司獨家發行電子書及紙本書。若有其他相關權利及授權需求請與本公司聯繫。
未經書面許可，不可複製、發行。

定　　價：350 元
發行日期：2025 年 05 月第一版
◎本書以 POD 印製